博客思出版社

人類思想研究

王超 著

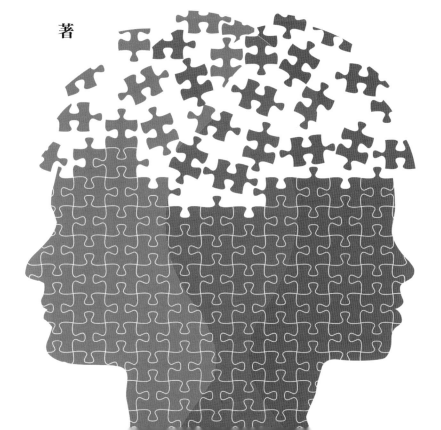

▎前言 Preface

這本書用最簡單和通俗的語言講述了一個非常重要，但幾乎被所有人忽略的問題，所以，這本書更像是一道門，幫您打開一個全新的世界，重新認識自我和這個世界，同時也為人們展示了一種嶄新的研究和思考方法，幫助人們思考和反思。

2017 年 8 月 25 日，颱風「天鴿」過境澳門，街道積水，有人在樓上看到一個人在積水的街道上「練習蝶泳」，錄下視頻並放到了網路上，很多網友都嘲笑這個人是神經病，但隨著另一段視頻的流出，人們發現，這位「練習蝶泳」的人，其實是在拼盡全力救人，之前嘲笑他的網友紛紛在網路上留言道歉。

雖然英雄在拼盡全力救人，但由於沒有被人們觀察到，所以被人們認為是「神經病」。在生活中，被人誤解是非常常見的事情，但您有沒有考慮過這是為什麼？

人類的大腦在接受外界資訊之後，開始進行邏輯和分析，然後得出觀點和結論，並付諸於實踐，這是人類思考的過程。我們可以把得出結論看做是一個分水嶺，分水嶺之前，是人類大腦中的邏輯和思維的過程，分水嶺之後，是人類執行，表達自己的觀點和說服別人的過程。人們的絕大部分精力，都集中在了分水嶺之後，思考如何去說服別人，如何能夠更好的執行。但人們卻忽視了一個非常重要的問題：在分水嶺之前，我們邏輯和思維的過程正確嗎？

西元 219 年，建安二十四年七月，關羽率領軍隊，浩浩蕩蕩的向襄陽、樊城進發，將兩座城市包圍起來。曹操急忙派遣左將軍于禁，立義將軍龐德前去救援，抵禦關羽的大軍的進攻，並將大軍駐紮在山間地勢平坦的地帶。關羽長期在此征戰，瞭解當地的氣候條件和地理環境，他意識到：曹軍在多雨的秋季將軍隊駐紮在地勢低窪的地帶是致命的錯誤，於是命令荊州軍造大船，集結水軍。秋八月，大雨連續下了十幾天，江河暴漲溢岸，曹操軍隊駐紮之地盡數被大水沖毀淹沒，幾乎全軍覆沒，于禁投降關羽，龐德拒不投降，被關羽所殺。

　　于禁，三國時期的曹魏名將，曹操稱讚他可與古代名將相比，但與關羽的這一戰，未曾交戰便已經全軍覆滅，毀了一世英名。為什麼這樣一位身經百戰，戰功顯赫的名將會在這一戰中一敗塗地呢？

　　中國的北方，乾旱少雨，而南方，潮濕多雨。于禁長期在中國北方征戰，熟悉北方的環境與氣候，但當他來到南方作戰的時候，所有的決策還是建立在對北方氣候環境的認識上。雖然在他的大腦之中，所有的決策都是正確的，但是，其大腦中所浮現的場景與外界真實的世界完全不同，因為戰場是在中國的南方，而不是北方。由於于禁並沒有發現自己大腦在邏輯和思維時存在的錯誤，導致了最終的失敗。

遭遇失敗，是人們最為常見的經歷，當我們失敗的時候，人們往往把原因歸結為外在，卻從來沒有反思過自己的邏輯和思維是否存在問題。當我們在思考問題的時候，如果我們大腦中想像的場景與外界真實世界的場景完全一致，我們又怎麼會犯錯呢？正是因為外界真實世界的場景與我們想像的場景不同，才導致了我們的失敗！所以失敗的最終原因並不是外在，而是我們的邏輯和思維的過程存在問題。

　　最難瞭解的人，其實就是我們自己。人們只知道發表自己的觀點，卻從來不知道自己的邏輯和思維是如何進行的，更不知道自己的邏輯和思維是否存在問題。當問題變得無解時，我們不妨換一個思路和角度去思考。這本書與眾不同的地方在於，幫助人們去反思，從人類自身的邏輯和思維中尋找所有問題的答案，幫助您瞭解真實的自己。

目錄 contents

第一章

人類思維的特點

💡 第一節　人類所面對的兩個世界

人類在思考問題的時候，所有的場景會浮現在腦海之中，思考的過程，其實是腦海中的情景演繹過程。那麼，我們腦海中浮現的場景從何而來呢？

當我們觀察物品的時候，物品的形狀，樣貌和顏色，會在我們的大腦中形成印象，哪怕我們閉上眼睛，腦海中依然可以浮現出物品的形狀，樣貌和顏色。人類腦海中所浮現的場景，來源於自身對外部世界的觀察。如果外部世界真實存在的事物，沒有被人類所觀察到，就不會在人類的大腦中形成印象，也不會參與到腦海中的情景演繹過程。前言中提到的「蝶泳英雄」，之所以被人誤解，是因為人們只觀察到了英雄蝶泳，而沒有觀察到英雄救人。

由此，我們可以得出一個這樣的結論：人類的邏輯和思維，只是被侷限在自己所觀察到的事物之中。真實世界之中存在的事物，如果沒有被人類觀察到，就不會在人類的大腦中形成印象，也不會參與到人類的邏輯思維之中。

2018 年 10 月 6 日，山東平度市發生非法聚集，打砸車輛，襲警事件，人數多達 300 餘人。事後經調查，犯罪嫌疑人在微信群發佈經過剪輯和加工的「被毆打」等虛假資訊，一些不明真相的人員被視頻蠱惑和煽動，參加了聚集事件。待警方公佈事情的全貌之後，很多聚眾人員瞭解了真相之後，便自行離去。

雖然每個人都認為：自己通過思考得出的觀點和結論是絕對正確的，但這種正確性，只是建立在人們所觀察到的事物之上。受制於人類自身感官的侷限，我們很難看到真實世界的全貌，只是觀察到了真實世界的局部，但是這個真實世界的局部，卻成為了人類邏輯和思維的全部內容，人類自身所有觀點的正確性，只是建立在這個局部的世界之上，這其實是人類對外界真實世界的偏見。

　　人類的邏輯和思維，是腦海中所有事物的演繹過程，但這些事物只是侷限於人類所觀察到的事物，沒有被人類觀察到的事物，不會呈現在人類的腦海之中。但人類卻從未察覺這個問題，以為自己腦海中呈現的場景便是外界真實世界的本來面貌，但外界真實的世界卻並非如此，兩個世界相互脫節，從而使人類的邏輯和思維出現錯誤。

　　如何才能更簡單的理解這個問題呢？

　　人類所面對的世界，其實由兩個世界組成，一個是人類腦海對外界真實世界的印象，我們將其稱之為人類大腦中的認知世界。另一個是所有人類共同生活的外界真實世界。邏輯和思維，是在人類大腦的認知世界中完成，而人類的行為，則作用在外界真實的世界之中。

💡 第二節　兩個世界之間的關係

　　1600 年，義大利哲學家布魯諾因為支持《日心說》而被判有罪，被燒死在了羅馬鮮花廣場。雖然在地球誕生的那一刻起，地球就已經圍繞著太陽運轉，但由於人類無法觀察到，所以就否認了這種觀點。直到數年後，望遠鏡開始逐漸普及，大眾才逐漸接受了《日心說》。

　　《經典力學》、《萬有引力》、《電磁感應定律》等等這些規律，早在宇宙誕生的那一刻就已經存在於世界之上，時刻影響著事物的發展與變化，但這些事物被人類所瞭解和認知，卻只是近幾百年的事情。世界運行變化的規律，存在於真實的世界之中，獨立於人類的意識存在，而與人類的意志無關。當然，這些規律不僅僅侷限在自然科學領域，還包括社會科學領域。

　　真實世界之中存在的事物，如果被人類觀察到，就會在人類的大腦中形成印象，參與到人類的邏輯和思維之中，並影響人類的行為。反之，真實世界存在，沒有被人類觀察到，就不會在人類的大腦中形成印象，也不會參與到人類的邏輯和思維之中。

　　年齡越大，接觸的事情越多，對外部真實世界的印象越深刻，思考時所考慮的方面越多，年齡越小，接觸的事情越少，思考時所考慮的方面就越少。人類共同生活在同一個世界之上，面對的也是同一個問題，年齡不同所導致的差異，是因為：諸多存在於真實世界之中的規律，因為沒有經歷過，所以沒有在人類的大腦中形成印象，不同年齡段的人，在面對同一個問題時，腦海中浮

現的場景是不同的。

　　同一個世界之下，年齡和文化的差異，地域與環境的阻隔，導致同一個世界在不同人的心中形成了彼此不同的印象。人類的邏輯和思維，只是建立在自身大腦對世界印象的基礎之上，對世界彼此不同的印象，造成了人類彼此不同的觀點，每個人都以為自己的觀點是絕對正確的，所以陷入了無盡的分歧與爭論之中。

第三節　世界觀的產生

　　受制於人類自身感官的侷限，人類始終無法認識外界真實世界的全貌，只能認識到真實世界的局部，對外界真實世界局部的認識，卻構成了人類大腦中認知世界的全部，成為人類邏輯和思維的基礎。由於無法觀察到真實世界的全貌，人類很難解釋真實世界中存在的一些現象，為解釋這些現象，人類在自身觀察的基礎上，進行了一些「設想」，從而促成了宗教的產生，不同的宗教，只是因為人們的「設想」彼此不同而已，所代表的是不同的世界觀。

　　神，雖然不存在於真實的世界之中，但卻存在於人類大腦的認知世界之中。同一個世界之下的人類，之所以有著不同的宗教

信仰，是因為人們大腦中的認知世界裡擁有彼此不同的神。每個人都認為：自己大腦中的認知世界便是外界真實的世界，但由於不同的宗教，大腦中的認知世界彼此不同，所以衝突在所難免，因為宗教分歧而導致的戰爭與衝突，在歷史和現在並不少見。

戰爭與衝突，發生在真實的世界之中，誰能夠在戰爭中適應和利用真實世界運行變化的規律，誰就能在戰爭中取得優勢，這一點與宗教信仰無關。為了能夠在戰爭中佔據優勢，人們需要研究和發現外界真實世界的運行變化規律，於是便產生了一種區別於宗教的世界觀：科學。

科學與宗教最主要的區別在於：宗教的邏輯和思維是以人類大腦中的認知世界為準，而科學則是以外界的真實世界為準。科學研究和發現的是外界真實世界運行發展變化的規律，所以科學不受地域，環境，宗教信仰的影響，適用於世界之中的任何角落。

💡 第四節　哲學 科學 宗教

　　宗教的邏輯是以人類大腦的認知世界為準，人們將其稱之為唯心主義，而科學的邏輯是以外界真實的世界為準，人們將其稱之為唯物主義。通常認為，唯心主義與唯物主義是相互對立的，但事實卻並非如此，唯心與唯物更像是事物的兩個極端，而人類則處在兩者之間，很多科學家擁有宗教信仰，很多宗教義理的背後也蘊含著科學道理。

　　人類的邏輯和思維在大腦中的認知世界完成，而行為則作用在外界真實的世界之中，這兩個世界並不相同，如果能夠正確的處理這兩個世界之間的關係，人類和社會將和諧發展，如果無法正確的處理，人類將面臨各種問題。邪教、傳銷、騙局、偽科學、抑鬱症等等，這些事物的本質，都是因為人們無法正確處理兩個世界之間的關係。

　　中國古代存在的一些宗教，為了鼓勵信徒的勇氣，宣揚刀槍不入，信徒們信以為真，在戰場上毫無畏懼刀槍，但這些宗教所描述的情景，只存在於人類大腦的認知世界之中，而不存在於外界真實的世界之中，結果使眾多信徒妄送性命。

　　現代中國內地也曾掀起過保健品浪潮，最為著名的是三株口服液，號稱包治百病，在 1994 年銷售額達到 5 億元，1995 年猛增到 33.5 億，1996 年更是達到了 80 億元，但在 1998 年，所有的一切戛然而止。雖然三株口服液為那些身處疾病困擾的人帶來了希望，但這種希望所描述的，只是改變了人們大腦中的認知世

界，人們將希望寄託其中，可現實依舊是現實，並沒有發生任何變化。

　　人們在發表觀點和做出決策之前，是否思考過這樣一個問題：大腦中想像的場景是否與外界真實的世界相同？正是由於人們忽視了對這個問題的思考，才導致人們無法正確處理大腦中認知世界與外界真實世界之間的關係，從而衍生出各種問題。

第二章

哲學剖析人類的思想

💡 第一節　性格的形成機理

　　人類降生到這個世界時，大腦一片空白，待記憶力形成之後，人類所觀察到的事物便會在大腦中形成印象。但人類成長的環境是一個相對封閉的環境，大腦對這個世界的印象也被侷限在了這個封閉的環境之中。人類長大成年之後，形成了自己獨立的意識和觀點，獨立觀點的形成，是以人類自身大腦對世界的印象為標準的。

　　離開自己的成長環境，獨立面對外界真實的世界，是每個人必經的人生階段。走出家門時，雖然外界的環境已經發生了變化，但在人類大腦的認知世界中，對世界的印象依然停留在自己成長的環境之中。雖然人類的年齡不斷增長，閱歷不斷增加，但由於人類的記憶永遠不會消失，兒時的成長環境永遠鐫刻在人類大腦的認知世界之中，影響著人類的邏輯和思維，所以人類總是保持著固定的行為特徵。

　　性格是人類相對固定的行為特徵，由於人類的記憶無法改變，性格也就難以改變，每一個人的性格所反映的是這個人的成長環境，不同的成長環境，塑造了人們大腦中彼此不同的認知世界，由於人類的邏輯和思維是在自己大腦的認知世界中完成，這種成長環境影響了人類一生的行為，人類的思想被囚禁在了自己成長的那個環境之中。

💡 第二節　叛逆現象的形成機理

　　叛逆，是每個人成長的必經階段，同性格一樣，叛逆現象的形成，是人類大腦認知世界與外界真實世界相互作用的結果。在人類的成長階段，隨著年齡的增長，所接觸到的外界環境在不斷擴展，由於人類大腦的認知世界形成於自身對外界真實世界的觀察，所以，人類大腦認知世界的擴展要滯後於外界環境的變化。

　　孩子剛剛入學時，剛剛步入社會時，外界環境發生變化，都會表現出叛逆的行為，雖然外界的環境已經發生了變化，但孩子大腦中的認知世界卻依然停留在環境變化之前的狀態。無法適應外界環境的變化是叛逆行為的本質。

　　叛逆只是人生的一個階段，隨著年齡的增長，叛逆的青少年最終都會走向成熟，當人類大腦的認知世界與外界真實的世界相互脫節之後，人類對外界的資訊不能做出正確的判斷，從而遭受失敗和挫折，心中充滿痛苦。人類害怕痛苦，為了擺脫這種痛苦，人類開始不斷的反思，從而漸漸適應了外界環境的變化。

💡 第三節　人類情緒變化的機理

　　人類獨立意識形成的標誌，是以自己大腦的認知世界作為評判世界的標準，從而形成了自己的觀點和主見。當外界真實的世界超越人類大腦的認知世界時，人類會感到高興和喜悅，而當外界真實的世界不及人類大腦的認知世界時，人類會感到傷心和痛苦。人類的情緒，是自身大腦認知世界與外界真實世界相互作用的結果。

　　人類大腦中的世界形成於自身對外界真實世界的觀察，兩個世界相一致，人類的行為會達到預期的成果，感到滿足和幸福。但當外界真實世界的環境發生變化時，兩個世界相互脫節，人類的行為達不到預期的結果，從而使人類感到痛苦和失望。由於人類害怕痛苦，於是便努力去擺脫痛苦，漸漸開始適應外界環境的變化，從而使兩個世界重新達到一致。人類內心最痛苦的時刻，並不是外界環境最惡劣的時刻，而是人類大腦認知世界與外界真實世界距離最大的時刻，努力去適應外界環境的變化，有利於緩解人類痛苦的情緒。

　　人類的思考是在大腦中的認知世界中完成，而行為卻作用在外界真實的世界之中，兩個世界之間的距離使人們心生痛苦，人們懼怕痛苦，急於擺脫現狀。但人類的思考和判斷始終被侷限在自己大腦的認知世界之中，兩個世界的距離，使人類的行為無法達到預期的效果。將自己大腦中的認知世界作為評價世界的標準，是情緒產生的原因。所以，當人類的思維被情緒所控制時，其實是被囚禁在了自己大腦的認知世界之中，而忽視外界真實世界運行變化的規律，人們很難做出正確的選擇。

💡 第四節　抑鬱症的形成機理

抑鬱症已經成為當代困擾人類的重大問題，通常，人們將抑鬱症看做是一種疾病，尋求藥物和醫學方法來治癒這種疾病。但同一件事物，在不同的角度會有不同的解讀。從哲學層面而言，無法正確處理自己大腦認知世界與外界真實世界之間的關係，最終導致了抑鬱症的產生。

當今社會進入了和平發展的時期，各種類型的文化藝術作品層出不窮，當人們處在學校的環境中，在未接觸外界真實世界之前，小說、電視劇、電影、各類綜藝節目等等，在人類大腦的認知世界中構築了人們對外部世界的印象。但是，這些藝術作品所描繪的世界，來源於藝術創作，而非外界真實世界的本來面貌。

當人們離開校園，開始接觸外界真實的世界時，大腦中的認知世界與外界真實的世界落差太大，從而使人們心中產生了無盡的痛苦。人們即無法放棄自己大腦中的完美世界，也無法面對外界真實的世界，被夾在兩個世界之間，沉浸在了痛苦之中而無法自拔，從而形成了抑鬱症。

豐富的文化藝術生活是一件好事，因為這些作品給人們描繪了一個完美的世界，但是，對於出生在這個完美世界之中的人而言，由於這個世界被塑造的太完美，反而使自己沒有勇氣去面對真實的世界。越發達的國家，被抑鬱症困擾的群體越龐大，克服抑鬱症，更多的是需要我們去反思。

人類大腦中的認知世界來源於自身對外界真實世界的觀察，當外界環境發生變化時，人類大腦中的認知世界卻仍停留在變化

之前的狀態，大腦中的世界與外界真實的世界相互脫節，從而使人類陷入了痛苦之中。所以，患有抑鬱症的人存在一個共同特徵，就是自己所生活的環境發生了巨大的變化，因為無法正確的處理這種環境的變化，最終導致了抑鬱症的產生。

克服抑鬱症，需要我們努力從自己大腦的認知世界中走出，回到外界真實的世界之中來，雖然夢想之中的世界非常完美，但我們卻生活在外界真實的世界之中。只是因為無法走出自己夢想中的世界，結果才被囚禁在苦海之中。

💡 第五節　虛榮心的形成機理

雖然所有人類共同生活在同一個世界之下，但每個人其實只是生活在自己大腦的認知世界之中。在人們大腦的認知世界中，存在一個完美的自己，人們總是努力將現實中的自己，努力塑造成大腦認知世界中完美的自己。

在努力塑造自己的過程中，人們忽視了一個重要問題，大腦中的認知世界與外界真實的世界並不相同，所以擁有虛榮心的人有一個非常明顯的特徵：脫離了現實中的自己，活在了自己想像的世界之中。

擁有虛榮心的人都有一顆玻璃心，因為他們無法直視現實之中的自己，只能躲藏在自己想像的世界之中，所以，虛榮心同抑鬱症一樣，都無法正確的處理大腦中認知世界與外界真實世界之間的關係。

　　人類的思想，是大腦認知世界與外界真實世界相互作用的結果，如果無法正確的處理兩個世界之間的關係，人類就會面臨諸多的問題。雖然這些問題真實的存在，但卻往往被人們所忽視。

💡 第六節　柏拉圖式的愛情

　　愛情最美好和甜蜜的階段，在於剛剛開始的朦朧，隨著兩個人相互瞭解的深入，愛情反而開始變得苦澀，如果愛情永遠停留在最甜蜜的時刻該有多美好，可惜那並不是現實。無論現實如何，甜蜜的回憶卻永遠銘記在每個人的心中最深處的記憶中。

　　當看到一位美女，美麗的外貌即刻浮現在腦海之中，雖然觀察到的只是美女的外貌，但在腦海之中，自己的想像加上美女的外貌，浮現出了一個完美的她，讓人朝思暮想。美麗的外表加上自己大腦中美好的想像，構建了一個完美的她，但卻不是真實的她。

當兩個人開始交往，相互瞭解的時候，才發現現實中的她並沒有想像中的那麼美好，這種差距讓人心生痛苦，但是在自己的記憶中卻永遠存在一個完美的她，心中充滿了矛盾。

　　完美的愛情，只存在於人類大腦的認知世界之中，因為只有腦海中的那個他，才是最完美的他，柏拉圖式的愛情之所以完美，就是因為其止步於現實，網戀之所以盛行，也是因為如此，最完美的他，永遠只存在於我們的腦海之中。

　　婚姻是愛情的墳墓，愛情的甜蜜存在於想像的世界之中，但我們卻生活在現實之中，婚姻是一種責任，接納和包容對方的一切，如果我們還留戀愛情的甜蜜，那只會使我們對現狀心生不滿，從而使婚姻出現危機。

第三章

文化的內涵

同一個年代出生的人，都有屬於這一個群體的共同記憶，很容易引發共鳴，不同年代出生的人，在溝通和交流的時候，始終存在一種代溝。我們將能夠引發某個特定群體共鳴的資訊稱之為文化。文化在人類社會生活中起著非常重要的作用，觀點能夠引發的共鳴越多，所獲得的支持也就越多。古代在征戰之前，一定要出師有名，目的就是為了贏得更多人的共鳴，以獲得更大的力量，獲得更多的共鳴與支持，人們才能在社會活動中佔據優勢。

💡 第一節　文化圈現象

人類邏輯思維的基礎是自己大腦中的認知世界，這個世界形成於人類對外界真實世界的觀察，如果人們生活在相同的環境之下，大腦中的認知世界也會相同，在邏輯和思維的過程中就會存在一致性，由此便產生了共鳴。能夠產生共鳴的資訊，我們將其稱之為文化。所以，文化有著鮮明的地域性和時代特徵，各種不同的文化相互交織在一起。

老鄉會、愛好協會、行業協會等等，我們可以將其稱為文化圈，在人們大腦的認知世界中存在交集是文化圈成立的基礎，根據交集的不同，我們可以劃分出不同的文化圈。職業、地域、信仰、愛好、年齡等等，這些都可以成為不同的文化圈，不同的圈子有著不同的話題。所以，文化是一種非常寬泛的概念，只要存在共鳴都可以稱之為文化。

在社會活動中，獲得人們的支持越多，其力量也就越大，這就需要我們去尋找社會的主流文化圈，或者說，究竟什麼樣的話題才能夠引發人們最廣泛的共鳴，才能獲得人們最廣泛的支持。雖然這是一個看似簡單的問題，但卻關係整個社會的穩定，以近代的烏克蘭為例，由於在未來國家發展方向上存在巨大分歧，直接導致了輿論的分裂，進而使國內局勢陷入動盪與不安，所以，文化的發展方向是在存異的基礎上求同，尋找最廣泛的文化圈，並以此來包容各種分歧，這才是社會穩定發展的基礎。

💡 第二節　社會主流文化圈

　　人們生活在彼此不同的環境之下，究竟什麼樣的問題可以引發人們最廣泛的共鳴，而不是僅僅侷限在自己所處的文化圈之中呢？這個問題又回到了我們一直在探討的話題之中，無論人類生活在怎樣的環境之中，大腦中的認知世界與外界真實的世界永遠是人類所需要面對的兩個世界，如何處理這兩個世界之間的關係，關係到每個人的生活，對這個問題的思考與探討，則能夠引發所有人的共鳴！

　　對於年輕人而言，剛剛走出相對封閉的成長環境，開始獨立面對外界真實的世界，但其大腦對世界的印象還停留在自己的成長環境之中。由於人們成長的環境各不相同，大腦對世界形成的印象也各不相同，所以年輕人的觀點總是充滿分歧與爭論。但隨著年齡的增長，人們開始與外界真實的世界進行頻繁不斷的接觸，雖然人們大腦中的認知世界彼此不同，但人們所面對的真實世界是唯一的，人們對外界真實世界的認識，開始逐漸形成共鳴。

　　年輕人擁有各種新穎的觀點，叛逆，樂於冒險，反對傳統，但年輕人所有的這些思想和行為特點，只是因為他們成長於相對封閉的環境中，與外界真實世界接觸的時間較短，隨著年齡的增長，對外界真實世界的認識也越發深刻，這些年輕人開始漸漸的回歸，加入到社會的主流文化圈之中。

　　所以，社會的主流文化圈是相對固定的，雖然年輕人對這個文化圈總是充滿了一種排斥的態度，但隨著年齡的增長，也會漸漸的融入這個文化圈之中。

💡 第三節　文化研究的誤區

致力於向外界展示自己的文化，是現代文化研究者的普遍態度，但文化是一種地域性和時代性極強的事物，人們展示自己的文化，希望引發更廣泛的共鳴，但引發共鳴的基礎是人類大腦中相同的認知世界，由於人們生活在彼此不同的時代和環境之下，這種共鳴所形成的範圍是有限的。所以，絕大部分文化研究者的工作淪為了「小眾文化」，投入的精力與收穫相去甚遠。

「知識份子」之所以能夠在社會活動扮演重要的角色，是因為「知識份子」能夠引領社會的輿論方向。而成功做到這一點的基礎是：能夠引起社會中人們最廣泛的共鳴，而完成這項任務，必須在社會的主流文化圈中完成，「小眾文化」是無法達到這種效果的。

研究和幫助人們處理外界真實世界與大腦中認知世界兩個世界之間的關係，不同於其他的文化研究，因為這項研究可以引發人們最廣泛的共鳴，從而可以在社會活動中扮演重要的角色，中國傳統文化中的「知識份子」所扮演的正是這樣的角色。所以，文化研究的方向應該是「大同」，尋求最廣泛的共鳴，而不是蜷縮在自己的小圈子之中。

在社會活動中，輿論的力量非常強大，而輿論背後所體現的，正是這個社會的主流文化圈，文化研究的一項重要任務，就是如何適應和引導輿論，這也是知識份子的重要價值所在。

💡 第四節　社會主流文化圈

　　小說、電影、電視劇是當今藝術作品的重要形式，這些作品在與觀眾互動的時候也存在鮮明的文化圈特徵，不同的作品所面對的是不同的文化圈，如何才能使自己的作品獲得更廣泛的受眾，得到更多人的認可，這個問題的答案在於對文化的研究之中。

　　有很多作品，在觀眾看過之後就會遺忘，沒有什麼特色，成為了觀眾打發無聊時間的工具，想要在觀眾的心中留下深刻的印象，就需要增加作品的深度，但我們又怎麼去理解深度的含義呢？其實答案也很簡單，我們不要讓觀眾僅僅是觀眾，而是讓他們參與到劇情中來，如何才能做到這一點呢？

　　當人們有相似的經歷時，大腦中會形成相似的場景，從而形成共鳴，當人們產生共鳴時，作品就不僅僅是在講述別人的故事，同時也是在講述自己的故事，痛苦、感動、失落、喜悅，所有的一切都會湧上心頭，高山流水，知音難尋，原來自己並不孤單，原來在遙遠的地方，也有一個人像自己一樣默默承受著一切，看著螢幕中的那個似曾相識的自己，留給自己的是無限的回味。

　　引發觀眾的共鳴，是增加作品深度的重要手段，做到這一點，我們需要從研究社會的主流文化圈下手，如何處理自己大腦的認知世界與外界真實世界之間的關係，是所有人需要面對的問題。作品中的背景設定可以是過去，也可以是未來，可以是外星球，也可以是危機四伏的地球，無論背景如何，人們所面對的依然是兩個世界，自己大腦中的認知世界與外界真實的世界，兩個世界之間充滿了矛盾與衝突，如何去處理兩個世界之間的關係，足以引發所用人的共鳴，因為我們每個人都要在兩個世界之間做出艱

難的選擇。

　　但很多作品忽視了這一個問題，只是在單純的講故事，人們也只靜靜的觀看，哭過，笑過之後，一切又恢復了往常，沒有什麼值得回味的地方。現在的藝術作品早已過剩，但那些能夠引發人們共鳴的作品卻依然稀少，如何提升作品內涵，所有的答案其實就在人們的心中。

💡 第五節　新時代的國學

　　現代很多人致力於復興國學，但往往收效甚微，國學仍然處在小眾文化圈之中，無法引起人們更廣泛的共鳴，更多的人也只是拿國學來裝點門面。所以，現代的國學更像是一種沒有實用價值的工藝品。

　　推廣國學，首先需要解決的問題是：國學能夠幫助人們解決什麼問題，以及國學應該採用怎樣的研究方法。現代的國學研究並沒有仔細去思考這兩個問題，國學的研究成就再高，因為無法幫助人們解決實際問題，所以對人們而言，其並沒有實際價值，這是阻礙國學推廣與發展的原因所在。

　　科學的核心其實是一種思維方法，這種思維方法幫助人們認識了外界真實世界的本來面貌，創造了無數的科技奇跡。就算現

在所有的科技消失不見，依靠科學這種思維方法，人們依然能夠重建這些科技。那麼，我們國學的核心是什麼？是那些古籍？顯然，對國學的研究出現了重大的方向錯誤。

中國文化中的古籍，所講述的幾乎都是同一個問題：如何處理自己大腦中的認知世界與外界真實世界之間的關係，延續中國的傳統文化，其實就是延續對這個問題的研究，而不是停留在對古籍的研究之上，方向性的錯誤導致中國文化的發展停滯不前，這才是我們需要反思的現狀。

第四章

多彩的世界

《戰國策・魏策二》中講述了這樣一個故事：龐蔥陪太子去邯鄲做人質，離行前，龐蔥對魏王說：「如果有人說大街上有老虎，您信嗎？」魏王說：「我不信」。龐蔥問：「如果兩個人說大街上有老虎，您信嗎？」魏王說：「我得考慮下，有點疑惑。」龐蔥又問：「如果三個人說大街上老虎，您信嗎？」魏王說：「肯定相信了。」龐蔥說：「大街上沒有老虎，這是再清楚不過的事實，今天三個人說有老虎，您就相信了。今天去邯鄲，要比大街遠多了，誹謗我的不止三個人，請大王明察。」之後龐蔥便離去。果不其然，誹謗龐蔥的話傳到魏王那裡，龐蔥便再也見不到魏王了。

　　為什麼人類會相信那些真實世界並不存在的事物呢？通過感官，人類得到了外界的資訊，並在大腦中構築起自己的認知世界，但是，這些資訊存在不真實的部分，正是這些不真實的資訊，扭曲了人類大腦的認知世界，使之與外界真實的世界脫節。而且，人類缺乏鑒別這些不真實資訊的能力。於是，人類大腦的認知世界逐漸脫離了外界真實的世界。

　　三國梟雄曹操，在一次行軍途中，路上缺水，曹操希望加快行軍速度，但又害怕過度催促引發嘩變，於是曹操下令：前面有片梅子林，果實又酸又甜，可以解渴。士兵聽後非常興奮，很快便離開了這個缺水的地方。

　　人類邏輯和思維的基礎是人類大腦中的認知世界，如果改變了人們大腦中的認知世界，就會改變人類的觀點，從而成功的說服人們。想要成功的推廣概念，首先需要成功的說服人們，怎樣才能做到這一點呢？

💡 第一節　神奇的蒙太奇

　　蒙太奇，在法語裡是剪接的意思，但到了俄國被發展成為了一種電影中鏡頭的組合理論，當不同鏡頭拼接在一起，就會產生單個鏡頭存在時所不具備的含義。例如一些電影將男性下體受傷與雞蛋碎裂的鏡頭剪接在一起，雞蛋碎裂就被賦予了特殊的含義。蒙太奇技術的發展，大大促進了電影的發展，使導演有了更加豐富的影視語言。

　　真實世界是唯一的，存在於其中的事物，發展演化遵循世界運行變化的規律。人們在證明自身理論正確性的時候，總是會挑選對自己有利的案例，然後將這些案例集中的羅列出來，這其實就是蒙太奇手法，將真實世界之中的場景進行剪切和拼接，將對自己有利的資訊呈現出來，屏蔽對自己不利的資訊。真實世界之中存在的事物，只有被人類觀察到，才會在人類的大腦中形成印象，既然人們所觀察到的資訊全部是對自己有利的資訊，那人們又有什麼理由不支持自己呢？

　　每一個人，在推廣自己概念時所採用的方法都不盡相同，最終的目的並不是為了探尋真實世界的本來面貌，而是為了說服人們相信。所以這些概念始終存在一個先天性的缺陷：無法擺脫自身對外界真實世界的偏見。

　　真實世界之中存在的事物，只有被人類觀察到才會在人類的大腦中形成印象，存在於真實世界之中的事物，如果沒有被人類觀察到，就不會在人類的大腦中形成印象，也不會加入到人類的

邏輯和思維之中。人類所有的邏輯和思維只是被侷限在了自己大腦的認知世界之中，您大腦中所浮現的場景，是外界真實世界的本來面貌嗎？

💡 第二節　夢想之城

每個人的心中都存在一個美好的夢想，當人們沉浸在夢想之中時會感到無比的幸福，但夢想只存在於人類大腦的認知世界之中，我們還需要面對外界真實的世界。人類所有的行為，最終作用在外界真實的世界之中，接受真實世界運行變化規律的檢驗。但由於人類所有的決策和判斷來自於自己大腦中的認知世界，這個世界與外界真實的世界並不相同，我們應該選擇活在自己大腦的認識世界中，還是活在外界真實的世界之中呢？

中國內地電視節目《尋情記》，向人們展示了這樣的一個故事，2002 年的高考狀元，曾以 654 分的成績登上新聞而名聲大噪，但是大學畢業之後卻蝸居在家中九年，不肯工作，也不找女朋友，這可愁壞了年過半百的父母，從而求助電視節目。這位高考狀元身體健康，沒有任何疾病，為什麼會蝸居在家，不肯工作呢？

這位高考狀元，由於小時候的學習成績就非常好，被全家人視為希望，雖然家境貧寒，但父母會努力滿足他的各種需求，在學校也受到了老師的各種照顧，在這種環境氛圍之下，構建了這位狀元大腦中的認知世界。當他離開了學校，參加工作之後，成為了一名普通的勞動者，沒有人再會去照顧和偏袒他，但他大腦中的認知世界，還停留在曾經的歲月之中。大腦中的認知世界與外界真實的世界發生了脫節，外界真實的世界遠沒有自己想像的那麼美好，從而使自己陷入了深深的痛苦之中。

　　兩個世界之間的落差，鑄就了人們心中的痛苦，為了緩解這種痛苦，人們必須做出選擇，要麼走出自己大腦中的認知世界，選擇直面外界真實的世界，要麼就拒絕外界真實的世界，選擇活在自己大腦的認知世界之中。這位狀元，顯然是拒絕了外界真實的世界，為了維護自己大腦中的理想世界，而選擇活在自己想像的世界中，對他們而言，最大的痛苦莫過於面對現實。由於無法認清真實的自己，結果迷失了自我。

💡 第三節　回到現實的勇氣

　　付雲皓，在 2002 年和 2003 年的國際數學奧林匹克競賽中，連續兩年獲得滿分金牌，被北大數學科學院錄取，然而在大學期間，卻因為部分科目掛科而無法畢業。現在在廣東第二師範學院擔任數學老師。這件事情在媒體上被曝光之後，引發了輿論的熱議，很多人感到惋惜，發表了各色言論。

　　同上一節提到的高考狀元一樣，付雲皓由於成績優秀，在學校備受老師照顧，這樣的環境構築了他大腦中的認知世界。在剛剛接觸社會的時候，也是因為大腦中的認知世界與外界真實的世界發生脫節而導致掛科等行為的出現。現實世界與人類大腦中認知世界的距離使人們沉浸在痛苦之中，為了逃離這種痛苦，必須做出選擇。

　　付雲皓選擇了回到現實的世界之中來，逐漸走出了自己大腦中的認知世界。無論人們如何看待，曾經的輝煌與榮耀，所有的一切都只是過眼雲煙。自己所需要面對的，正是當下這個真實的世界，努力做好自己，生活在真實的世界之中。

　　無論付雲皓曾經如何，敢於放下曾經的自己，回到現實中來，這樣的勇氣並不是每個人都能夠擁有，當我們為別人惋惜的時候，為什麼不考慮下自己？

💡 第四節　難以釋懷的痛苦

人類的邏輯思維是在自己大腦的認知世界中完成，當人們遭受痛苦時，痛苦會以記憶的形式儲存在大腦的認知世界之中。無論何時，一旦人們遭遇相似的場景，痛苦的記憶會再次浮現在人們的腦海之中，雖然這種痛苦只存在於自己的記憶之中，但人們卻一直在逃避這種痛苦，從而影響了人們現實世界中的行為。

喜歡攀比的人，真的是喜歡攀比嗎？只不過是因為似曾相識的場景再次在腦海中浮現，為了逃避內心痛苦的記憶，只能選擇去攀比，去勝過別人。他們並不是喜歡攀比，僅僅是為了逃避自己內心的痛苦。

人類害怕痛苦，所以在不斷的逃避痛苦，痛苦就像是一個模具，塑造了人類的行為特徵。表面上，驅動人類做出選擇的是利益，但在更深的層次，逃避自己內心的痛苦才是驅動人們做出選擇的源動力。

💡 第五節　寒門出貴子的奧秘

優越的家庭條件，可以獲得更多的資源，享受舒適的環境，接受更好的教育。相對貧困的家庭，由於經濟條件有限，讀書時所需要克服的困難相對較多。雖然大多數人認為優秀的教育可以塑造優秀的人才，但是，很多優秀的人才卻出身於貧困家庭，這裡面隱藏著怎樣的奧秘呢？

更好的教育可以獲得更高的起跑線，而且生活在相對安逸的環境之中。貧困的家庭，所要面對的困難也比較多，很多事情不能如自己所願，這種痛苦深深的鐫刻在孩子們的記憶之中，一直影響著他們的邏輯和思維。出身於貧困家庭的孩子，為了逃避自己心中痛苦的記憶，所以才選擇了不斷的努力和奮鬥。

優越家庭出生的孩子，贏在了起跑線上，而貧困家庭的孩子，是在途中跑的過程中開始漸漸發力的。富裕家庭的孩子擁有優越的家庭環境，在他們的記憶中很少存在痛苦，所以生活態度相對安逸，缺乏上進心。寒門出貴子，這句話不能只侷限在教育背景之下，而是對人們一生的總結，痛苦是驅動人們前進的動力，這就是貧寒帶給人類的意外財富。

第五章

大腦中的思辨

💡 第一節　　被忽視的思辨過程

　　人類生存的世界是唯一的，但由於人類自身的認知缺陷，每個人所能觀察到的世界是有限，每個人對世界的認識都被侷限在了特定的環境之中。人類大腦的認知世界形成於自身對外界真實世界的觀察，雖然人們認為自己所觀察到的世界便是外界真實世界的本來面貌，但這只是外界真實世界的局部。不同的人生活在不同的環境之中，在大腦中形成了彼此不同的認知世界，雖然生活在同一個世界之下，但每個人卻堅信自己大腦中的認知世界才是外界真實世界的本來面貌，於是這個世界充滿了爭論。

　　人類的先天性思維，是以自己大腦的認知世界為準，受制於人類自身的認知缺陷，人類大腦中的認知世界對外界真實的世界始終存在偏見。偏見的存在，使人類大腦的認知世界與外界真實的世界相互脫節，人們的決策在執行的時候就會遭遇失敗。為了避免失敗，我們必須糾正人類先天性思維存在的偏見，於是在人類的大腦中產生了思辨的過程。

　　為了克服這種偏見，我們學習各種知識，古代為了行軍打仗，閱讀兵書，現代的我們學習數學，物理，化學，以及金融學，經濟學等等這些知識，都是為了克服我們先天性思維所存在的偏見。這些知識在我們的大腦中構建了後天性的思維方式，所以，人類的大腦至少存在兩種思維方式，一種是人類的先天性思維方式，一種是人類經過不斷學習而形成的後天性思維方式，兩種思維方式共存於人類的大腦之中。

馬謖，三國時期蜀漢官員，熟讀兵書，才氣過人，深受諸葛亮器重。但在西元 228 年，諸葛亮北伐時，違背作戰指令，出現重大決策失誤，導致戰略要地街亭失守，被諸葛亮斬首。

　　《漫步華爾街》是一本非常暢銷的股票書籍，通常人們認為專業的投資機構能夠在市場中獲得更高的收益，但這本書卻用詳盡的資料向人們揭示了一個現實：無論投資者有多麼精明，但從長期來看，不可能獲得超越一般水準的回報。在近幾年的股票市場的波動過程中，這種觀點也再次得到了印證。在股市上漲的過程中，所有人都在賺錢，而在股市下跌的過程中，幾乎所有人都在虧錢，雖然某些人在短期內可以獲得超越平均的收益，但從長期來看，所有人的收益都處在平均的水準。雖然金融市場富集了大量高學歷，高智商的人才，但依然無法擺脫這個現狀。

　　學習了大量的知識，卻無法幫助人們避免錯誤，問題出在哪裡呢？先天性思維與後天性思維共同存在於人類的大腦之中，對待同一件事情，兩種思維方式會得出彼此不同的結論，人們對會這兩種思維的結果進行對比，然後做出選擇，人們雖然學習了大量的知識，但是在最終選擇的時候，人們卻選擇了先天性思維的結果。

💡 第二節　學習的誤區

現在的教育非常重視學生對知識的掌握程度，但人們在學習的時候，卻忽略了一個重要問題，那就是如何去構建人類大腦中的思辨過程，對思辨過程的忽視，導致人們在學習了大量的知識之後，在邏輯思維和判斷的過程中，依然傾向於自己的先天性思維。

人類通過學習，在大腦中構建了後天性思維，再經過先天性思維與後天性思維的思辨過程，形成了自己的觀點和結論，從而對自己的思想和行為進行指導。但是，各種考試和測驗對我們所考察的，是思辨之前所掌握的知識。真正對我們的行為產生影響的觀點和結論，來自於思辨之後，而非思辨之前的知識。

雖然人們學習的知識是相同的，但由於人們大腦的認知世界彼此不同，先天性思維與後天性思維的思辨過程彼此不同，最終，同樣的知識，在不同人的心中，形成了彼此不同的觀點和結論。以《道德經》等等的古籍為例，同樣的經書竟有無數的譯注版本，除此之外，人們對康德‧黑格爾等等西方哲學家著作的解讀，也有無數的版本。

無論學習的知識有多麼的先進，人們始終無法擺脫自身的先天性思維，這種思維始終影響著人類的邏輯和判斷，之所以出現這樣的問題，原因在於人們忽視了大腦中的思辨過程！學習知識非常重要，但是在大腦中建立思辨過程，將知識運用在實踐之中也非常重要。只學習而不實踐，所有的一切都只是空中樓閣。

💡 第三節　構建大腦中的思辨過程

外界真實的世界獨立於人類的意識存在，存在於真實世界之中事物，發展演化遵循世界運行變化的規律。而人類對外界真實世界的認識，只是建立在自身所觀察到的事物之上，存在於真實世界之中的事物，如果沒有被人類觀察到，就不會在人類大腦的認知世界中形成印象，也不會參與到人類的邏輯思維中，從而形成了人類對外界真實世界的偏見。

《萬用引力》、《能量守恆定律》、《電磁感應定律》等等，這些規律在宇宙誕生的那一刻起就已經存在，時刻影響著事物的發展變化。但由於這些規律無形、無色、無味，無法被人類的感官所觀察到，所以這些規律一直被人們所忽視。

人類的邏輯思維是以自己觀察到的事物為準，雖然世界運行變化的規律真實的存在於世界之中，但由於無法被人們觀察到，所以無法在人類大腦的認知世界中形成印象，從而無法參與到人類的邏輯思維之中。但在真實的世界之中，這些規律卻在時刻影響著事物的發展變化。為了能夠發現這種規律，人類需要從改變自己的思維方式下手！

人類大腦中的認知世界，因為自身感官存在侷限，所以產生了對外界真實世界的偏見，導致人們無法看到外界真實世界的本來面貌，使人類大腦的認知世界與外界真實的世界相互脫節。為了克服這種偏見，我們需要在真實的世界之中對自身大腦中的認知世界進行不斷的驗證，使兩個世界保持統一。

傳統的思維方式只是以自己觀察到的事物作為邏輯和思維的基礎，外界真實的世界是唯一的，只是因為存在於真實世界之中的事物沒有被人類所觀察到，沒有在人類的大腦中形成印象，沒有參與到人類的邏輯思維之中，所以才造成了人類對外界真實世界的偏見。去驗證這種偏見其實也很簡單，我們將自己邏輯和思考的結果拿到真實的世界中進行驗證，如果思考的結果與真實世界的結果相一致，就證明我們大腦中的認知世界與外界真實的世界相一致，如果不相同，則證明我們對外界真實的世界還存在偏見。

　　相對於傳統的思維方式，這種思維方式在得出結論之前增加了一個驗證的過程，以確保人們大腦中的認知世界與外界真實的世界相一致，這種思維方法便是科學。科學的本質，其實是一套用於發現外界真實世界的思維方法。

💡 第四節　科學發現世界的過程

　　世界上所有的事物都處在不斷的變化之中，變化的過程遵循世界運行變化的規律。但由於這種規律無形、無色、無味，所以很難被人們所察覺到。人類試圖解釋世界之中的各種現象，但受制於人類自身感官的侷限，我們所能觀察到的只是真實世界的一小部分，但這已經是我們所能觀察到的全部。基於有限的認知，人們做出各種「設想」，解釋自然界的各種現象。

　　究竟哪一種「設想」才是正確的呢？對這個問題的回答出現兩種截然不同的回答方式，一種是宗教，一種是科學。宗教所構建的是人們大腦中的認知世界，只要人們能夠相信這種「設想」就可以。而科學，則需要探究真實世界的本來面貌，在得出結論之前需要進行不斷的「設想」和「驗證」。

　　人們首先根據觀察到的現象，「設想」現象的成因和原理，然後根據「設想」的成因和原理進行試驗設計，如果實驗的結果與我們的「設想」相一致，則證明我們的「設想」是正確的，如果實驗結果與我們的「設想」不一致，證明我們的「設想」是錯誤的，需要我們推翻原「設想」並重新進行「設想」和驗證。

　　在科學發現的過程中，絕大多數的「靈感」，都因為無法通過實驗驗證而被取消和放棄，最終只有極少數的「靈感」成功的通過了實驗驗證。科學並不是一門為了說服別人而存在的學問，而是為了發現真實世界的本來面貌，成功是百分之一的靈感，加上百分之九十九的汗水換來的，一點都不假。

💡 第五節　自然科學與社會科學的區別

　　世界運行變化的規律無形、無色、無味，我們應該如何對它進行描述呢？數學在這個過程中起到了非常重要的作用，絕大多數的科學理論都可以用數學來描述。同時，電腦的運算過程也是以數學為基礎的，所以，我們可以用電腦類比真實世界之中事物運行發展和變化的過程，電腦類比技術已經成為當今重要的學科之一。

　　在自然科學領域，數學對世界運行變化規律的描述已經做到了非常精確的程度，火炮的火控系統通過電腦的計算，可以精確的命中目標，證明電腦類比的結果與外界真實的世界相一致。但是在社會科學領域，數學卻無法對世界運行變化的規律做出精確的描述，金融危機發生時，幾乎所有人都遭受了損失，但人們卻無法準確的預測金融危機的發生。

　　自然科學與社會科學最大的區別在於，自然科學所研究的規律，時刻影響著事物的發展與變化，人們可以進行即時的驗證。而社會科學所研究的規律，則存在時間週期，時間週期越長，規律的作用越明顯，時間越短，規律的作用越不明顯，所以，在較短的時間內，人們是無法對社會科學進行驗證的。於是在社會科學領域出現了一種特有的現象。

　　每一種概念的興起，都會吸引大量的人員關注和支持，等關注和支持的人員達到一定的規模，便可以凝聚一定的資源，在真實的世界之中付諸於行動。存在於真實世界之中的事物運行變化

遵循世界運行變化的規律，每一種概念在真實的世界之中付諸於行動，實際上都是一個接受真實世界運行變化規律檢驗的過程。

美國長期資本管理公司簡稱 LTCM，將金融市場的歷史資料、相關理論學術報告及研究資料和市場訊息有機的結合在一起，通過電腦進行大量資料的處理，形成一套較為完整的電腦數學自動投資系統模型。在 1994-1997 年，業績驕人，成立之初，淨資產 12.5 億美元，到 1997 年末，上升為 48 億美元，每年的投資回報率分別為：1994 年 28.5%、1995 年 42.8%、1996 年 40.8%、1997 年 17%。但是在 1998 年，從 5 月到 9 月，短短 150 天，淨資產下降了 90%，虧損 43 億美元，到了瀕臨破產的邊緣。值得一提的是，憑藉優異的表現，身為合夥人的美國經濟學家羅伯特在 1997 年獲得了諾貝爾經濟學獎。但誰又知道災難來的又是如此之快，所有的一切在轉瞬間便灰飛煙滅。

共用經濟最早可以追溯到 1978 年，由美國德克薩斯州立大學社會學教授馬科斯·費爾遜和伊利諾大學社會學教授瓊·斯潘思的論文提出，隨著互聯網的不斷發展，共用經濟的概念不斷的被人們接受和認可。終於在 2017 年，以共用單車為代表的共用經濟進入了集中爆發期，但是僅僅在數年之後，共用單車的嘗試幾乎以失敗告終。與此類似的還有比特幣，《酸城體質理論》等等，這些概念從產生，到被人們接受和認可，然後逐漸發展興盛，直到最後開始慢慢衰落，都有著驚人的相似性。

當我們回顧歷史，就會發現歷史上的每一個時期都會出現大量的概念，這些概念都同樣經歷了產生，傳播，發展，興盛，直至最後的衰落。世界處在不斷的發展和變化之中，未來還將會出

現各種各樣不同的概念，但無論這些概念有多麼的受人歡迎，最終都要在真實的世界中進行實踐，只有實踐才能鑑別這些概念的正確與否。

💡 第六節　中西方哲學思想的差別

得益於自然科學所取得的巨大成就，西方更喜歡使用數學來描述世界運行變化的規律，就像武器的火控電腦一樣，我們將所有資料登錄到電腦之中，電腦通過計算定位目標，然後進行射擊，火控電腦的計算結果與現實世界中的實際結果相一致。但在社會科學領域，使用數學對世界運行變化的規律進行描述卻遭遇了重大失敗，我們使用數學模型計算得出的結果，與現實相差甚遠，這一點在金融市場中尤為常見。

在社會科學中，世界運行變化規律作用的時間週期比較長，少則數年，多則數十年，其中所蘊含的信息量非常龐大，人類需要在這些龐大的信息量中尋找核心和主要的因素進行數學建模，但由於受到人類自身認知的侷限，在處理這些資訊的時候很容易對外界真實的世界產生偏見，從而造成數學模型不能真實的反應外界真實世界運行變化的規律。

數學模型不能真實的反應外界真實世界的運行變化規律，最終的結果以失敗告終，通過數學模型來描述世界運行變化的規律，在社會科學領域並不可行。但是在東方哲學領域，這個問題早已迎刃而解。

歷朝歷代，人類所有的行為都被詳盡的記錄在了歷史之中，各種概念的產生、傳播、發展、興盛，直至最後的衰落，背後所體現的正是世界運行變化的規律。世界上所有的事物運行變化都遵循世界運行變化的規律，世界是唯一的，但由於受到人類自身認知的侷限，人類無法觀察到真實世界的全貌，所以對真實的世界產生片面的認識，從而形成了各種各樣的概念。

西方哲學對外界真實世界的研究，是建立在「科學」這種思維方法之上的，經過不斷的「設想」和「驗證」，漸漸揭開了真實世界的面紗。這種思維方法在自然科學領域取得了成功，但在社會科學領域，每一種概念的驗證少則數年，多則數十年，人類根本沒有足夠的時間和精力去不斷的進行「設想」和「驗證」。但是，每一種概念的驗證過程都被詳細的記錄在了歷史之中，我們通過對歷史的研究，不斷的進行總結和歸納，就可以發現外界真實世界運行變化的規律。

東方哲學對外界真實世界的探索，主要是建立在對歷史的研究基礎之上。在歷史之中，各種各樣的概念層出不窮，最終都在真實世界運行變化的規律之中接受了驗證，我們將這些概念的驗證結果進行不斷的分析和總結，最終總結出了世界運行變化的規律。

💡 第七節　文化知識發展的規律

當我們打開電視，各種各樣的產品，各種各樣的概念撲面而來。在金融市場中，人們為解釋和預測未來市場的走勢，設計了各種各樣的理論和概念，例如《經濟學》、《金融學》、《價值投資》、《K線理論》等等。這些理論和概念的本質，是對外界真實世界運行變化規律的描述。但是，這些概念能夠真實的反應外界真實世界運行變化的規律嗎？恐怕人們根本沒有去思考過這個問題。

每一種概念，都是一種對世界運行變化規律的解釋，每個人都會選擇一個概念作為自己邏輯思維的基礎，經濟學專業畢業的學生，會用經濟學去分析這個世界，金融學畢業的學生，則會用金融理論去分析，其他還有類似於《厚黑學》的處世理論等等。世界是唯一的，但由於人們選擇的概念不同，同樣的世界在不同人的眼中會呈現出不同的樣子。

當人們接受了某種概念，這種概念便成為了人類邏輯思維的基礎，所有的決策和判斷都基於這種概念。但是，無論人類選擇接受哪一種概念，最終的行為作用在唯一的真實世界之中，共同接受真實世界運行變化規律的檢驗。所以，人類自己的行為便成為了某種概念在真實世界中的驗證過程。

中國近代的太平天國運行、義和團運動，人們接受這些概念並付諸於實踐，最終以失敗告終。現代社會的三株口服液、共用經濟、酸城體質理論等等，它們在向人們傳輸概念的同時，也在

接受真實世界的驗證。當然，還有諸多的概念還處在被驗證的過程中，例如虛擬貨幣等等。人們接受這些概念，然後用自己的人生去驗證這些概念，最終當這些概念被證明不可行的時候，人們所付出的代價是自己的大半生，這個代價顯然有點過於昂貴。

💡 第八節　出世與入世

我們可以這樣總結下每個人的人生，出生之後，不斷的成長和學習，然後接受某一種概念，成為自己的人生信標，然後用自己的人生去驗證這一個概念，當這個概念被驗證完成之後，自己也已經進入了古稀之年。人的一生其實很短暫，用自己的一生去為某一個概念做驗證，人生匆匆而過，再也沒有選擇的餘地，每個人的人生都處在這樣的輪迴之中，成為歷史長河之中的點點浪花，怎樣才能跳出這個輪迴呢？

無論是過去的概念，還是未來的概念，其本質都是人類自身對於外界真實世界的偏見，最終都要在真實的世界之中接受真實世界運行變化規律的檢驗，所以，概念的變化層出不窮，但世界運行變化的規律卻從未變過。我們可以通過歷史，研究和發現世界運行變化的規律，然後再去分析和研判當下概念未來的發展趨勢，從而為自己將來的人生提供參考，而不是盲目的度過自己的

一生。

　　當我們選擇和接受一種概念的時候，所有的邏輯和思維都被侷限在了這種概念之內，會以這種概念作為對錯評判的標準，有了觀點和立場，我們可以把其稱之為入世。當我們選擇不接受任何一種概念，而是獨立去研究和發現世界運行變化的規律，分析各種概念與世界運行變化規律之間的作用過程，思維不被侷限在任何概念之內，我們將其稱之為出世。

　　出世與入世所代表的兩個層面的思考過程，打個比方的話，入世思想就是思考在一家公司內如何更快的升職，獲得更大的權利等等。出世思維則思考的是哪一家公司更具有競爭力，能夠在激烈的競爭之中獲勝。出世的思考決定的是人生大方向，入世的思考決定的是人生諸多的細節。

第六章

文化的思辨過程

💡 第一節　對錯是非

　　我們在學校中學習的知識，擁有絕對的權威，對錯分明。這些知識在我們的大腦中構成了後天性思維，當我們進行決策的時候，還要經過先天性思維與後天性思維的思辨過程。於是便出現了這樣一個問題：經過我們的思辨之後，所謂的正確選擇與知識中的正確選擇並不相同。我們在考試的時候選擇的是一個答案，但在現實的生活中選擇的卻是另一個答案。

　　人類的邏輯與思維是在自己大腦的認知世界中完成，所有的思考只是被侷限在了自己大腦的認知世界之中，所以，每個人所做出的正確選擇，是基於每個人大腦的認知世界。不同的人，大腦中的認知世界彼此不同，所以會做出不同的選擇。那麼，知識中的正確答案，又是基於怎樣的認知世界呢？在學術領域，知識具有絕對的權威性，但是在人們大腦的思辨過程中，這種權威性卻又蕩然無存，人們依然我行我素，知識無法為人們的思考和行為作出指導。

　　人類的先天性思維基於自己大腦的認知世界，雖然人類學習了大量的知識，但由於人類的邏輯和思維基於自身大腦的認知世界，所以人類的行為才會呈現出先天性思維的結果。那麼，如何才能將學到的知識運用到實踐之中呢？

💡 第二節　知識的世界

　　人們總是喜歡強調自己的觀點，但人類的思想僅僅是在自身大腦的認知世界中完成，雖然世界很大，但人類的思想卻被侷限在了自己大腦的認知世界之中。別人的觀點之所以與我們不同，只是因為彼此大腦中的認知世界不同，但人們卻往往忽視這一點，被囚禁在自己大腦的認知世界中，看不到外面世界的景色。

　　我們學習的知識，存在一套對錯評價體系，構建了我們的後天性思維，我們自己的思想，源自自身大腦的認知世界，也存在一套對錯評價體系，這是我們的先天性思維，兩種思維共同存在於我們的大腦之中。當我們在決策的時候，需要在這兩種思維之中做出選擇。雖然在應試教育的環境之下，知識在我們大腦的認知世界中已經構建了一個權威的印象，但這種權威僅僅被侷限在了應試教育的環境之下，雖然我們知道考試時的正確答案，但在生活中我們未必會那樣選擇。如此一來，我們學習到的知識便無法運用到生活中，無法做到學以致用。

　　人類所有的觀點，來源於自身大腦的認知世界，受制於人類的認知缺陷，人類大腦的認知世界只是對外界真實世界的局部印象，不同的人生活在不同的環境之下，大腦中的認知世界彼此不同，所以觀點才會不相同。知識同樣來源於人類的思考與總結，它所代表的也是人類大腦認知世界的一種，這個認知世界中會是怎樣的景色呢？

💡 第三節　別樣的世界

　　雖然世界是唯一的，但由於人類自身存在認知缺陷，所以始終難以擺脫自身對於這個世界的偏見。每個人以自己大腦中的認識世界為準，提出了各種各樣的概念，雖然這些概念各不相同，但都有著相似的經歷。自概念產生之後，人們開始逐漸關注，當關注的人足夠多時，凝聚了足夠的資源和力量，便開始在真實的世界中開展實踐，接受真實世界運行變化規律的檢驗。隨著時間的推移，這些概念逐漸被驗證，開始慢慢衰落，最後只留存在了歷史的記錄之中，幾乎所有的概念都逃不過這樣的命運，但有一種概念卻始終沒有衰落，這就是「道德」。

　　相對於眾多新穎的概念，「道德」顯得十分陳舊，尤其是年輕人，認為「道德」是一大堆華而不實的大道理，他們更樂於接受那些新穎的概念。但是，無論經歷多少年，道德始終是社會文化的主基調，沒有任何一個概念能夠取代道德，為什麼道德會具有如此的魅力呢？

　　外界真實的世界是唯一的，但由於受到人類認知的侷限，人們只能觀察到真實世界的局部，對世界局部的認識構建了人類對世界的全部認識，人類的邏輯和思維就被侷限在了這個大腦的認知世界之中。年齡越小，對外界真實世界的觀察越有限，人類的邏輯和思維被侷限在了大腦的認知世界之中，對外界真實世界的偏見也就越深刻。隨著年齡的增長，對外界真實世界的觀察不斷深入，人們對外界真實世界的偏見越來越小。越是年輕，越是叛逆，而年齡越大，人們也就越發的認同「道德」，「道德」從來

沒有變過，唯一變化的，是人們大腦中的認識世界。

「道德」不同於其他的概念，它是對外界真實世界運行變化規律的描述，存在於真實世界之中的事物，需要接受真實世界運行變化規律的檢驗，只有順應了這種規律，才能經久不衰。而違背了這種規律的事物，由於無法通過世界運行變化規律的檢驗，最終被淘汰。雖然道德不像法律那樣擁有強制力，但由於道德是對外界真實世界運行變化規律的描述，違背了道德的人，最終面對的是世界運行變化規律的懲罰。

由於道德是對外界真實世界運行變化規律的描述，就算人們否定它的存在，但它依然存在於真實的世界之中，影響著事物的運行發展和變化。人們否認道德，做出了違反道德的行為，隨著時間的增加，世界運行變化規律的作用逐漸顯現，直到人們遭遇挫折才恍然大悟，原來道德真的存在！人們可以否認，也可以質疑道德，但它卻真實的存在於世界之中，影響著事物的發展變化，這也是道德經久不衰的原因所在。

💡 第四節　探索真實世界的方法

　　很多人有這樣的疑問：真實世界運行變化的規律究竟為何物？雖然真實世界運行變化的規律存在於真實的世界之中，影響著事物的發展與演化，但由於其無色、無味、無形，以至於人們無法察覺它的存在，於是很多人有這樣的疑問：真實世界運行變化的規律究竟為何物？我們應該如何去發現這種規律呢？

　　通過將特定案例進行疊加，是現在非常流行的說服方法，但這種說服方法本身存在嚴重的缺陷，只是將對自己有利的證據呈現出來，而那些不利於自己的證據則被隱藏了起來，這種說服方法本身就是在製造人們對外界真實世界的偏見。而我們要去探索真實的世界，首先需要克服的就是這種偏見。

　　受制於自身的認知缺陷，人類始終無法擺脫對於真實世界的偏見，人類提出的理論和概念也是建立在偏見基礎之上的。雖然這些理論得到了大多數人的認同，但這種理論的正確性只是建立在人類大腦的認知世界之中，只有在真實的世界之中才能檢驗這些理論的正確性。所以每一種理論和概念都具有相似的發展規律，提出理論和概念之後，得到人們的關注和支持，在凝聚了足夠的資源之後，付諸於實踐，開始接受真實世界運行變化規律的考驗，然後開始慢慢衰落。

　　理論和概念的發展，如同生物的生命週期，經歷出生，成長，成熟，衰老，死亡。而且不同的理論和概念，其生命週期是不同的，有些概念的生命週期非常的短暫，騙局往往維持不了多長時

間，短則數天，長則數年。有些概念的生命週期比較長，經濟週期短則數年，長則數十年。有些概念的生命週期非常長，王朝的更替可以達到幾百年的時間。

由此，對理論和概念的研究出現了兩個方向，一個是以理論的推廣為主，這些理論研究的重點在於如何推廣和說服人們，採用蒙太奇的手法對真實的世界進行剪切，列舉和疊加對自己有利的案例，這種方式的本質是在製造人們對於真實世界的偏見，始終處在輪迴之中。另一種以探索真實世界的本來面目為準，不斷的歸納和總結真實世界運行變化的規律，以克服人們對於真實世界的偏見，脫離輪迴，站在彼岸看待這個世界的變化。

💡 第五節　偏見的形成過程

　　無論人們心中想像的世界有多麼的美好，真實的世界只是按照自身運行變化的規律發展演化，而與人類的意志無關。人生起起落落，載沉載浮，所展示的一切其實是人類大腦中的認知世界與外界真實世界相互碰撞的過程。

　　概念的產生，推廣，發展，興盛直至最後的衰落，都存在一定的時間週期，人的一生，可以經歷很多騙局，是因為騙局的時間週期很短，但對於經濟週期而言，人的一生能經歷幾個？人類大腦對世界的印象，來源於自己對外界世界的觀察，但處在當下環境之中的人們，又是否經歷過一個完整的經濟週期呢？

　　當股市處在不斷上漲的階段，人們預測未來的股市會不斷的上漲。這種觀點的形成，恰恰是因為人們處在股市不斷上漲的環境之中，這個環境構建了人們大腦中的認知世界，但這只是經濟週期中的一個小片段，人們卻把它當成了全貌，從而構成了人們對這個世界的偏見。

　　在股市繁榮的時候，這種偏見促進了股市的上漲。當股市處在不斷上漲的過程中，這樣的環境構築了人們大腦對這個世界的印象，雖然在真實的世界之中，股市繁榮過後必然會衰退，但在人們的認知世界中，股市會持續的上漲。人類所有的邏輯和思維都在自己大腦的認知世界中完成，因為在人們的認知世界中，股市會不斷的上漲，所以人們就忽略了所有的風險，為了不斷的增加收益，選擇不斷的增加資金槓桿，進而促進了股市的不斷上漲。

💡 第六節　痛苦的時刻

2002 年諾貝爾經濟學獎獲得者卡尼曼教授，提出了《前景理論》，是這樣描述人類行為特點的：在股票市場中，以人們的成本作為基準點，當人們剛開始盈利的時候，內心的愉悅度是最高的，隨著盈利的增加，股票價格上漲給人們帶來的愉悅度反而會逐漸下降。當股票價格開始下跌時，最痛苦的時刻是成本剛剛開始虧損的時候，隨著虧損的擴大，人們反而會變得滿不在乎。

我們可以從另一個角度來理解這個問題，由於人類的邏輯和思考是在自己大腦的認知世界中完成，而行為則作用在外界真實的世界之中，在金融市場中，相對於盈利，人們更想知道的是自己大腦中的世界是否與外界真實的世界相同。所以，股票價格在成本附近波動時，人們的神經是最緊張的，股票價格高於成本時，證明人們大腦中的認知世界與外界真實的世界相同，盈利也就不再是問題了。當股票的價格低於成本時，證明人們大腦中的認知世界與外界的世界並不相同，人們開始陷入痛苦之中，並渴望擺脫這種痛苦，所以在股票剛開始下跌的時候，很多投資者會選擇補倉，但隨著股票的持續下跌，人們便開始接受現實，痛苦的感覺開始漸漸消失。

人類最痛苦的時刻，位於大腦中認知世界與外界真實世界距離最大的時刻。人們害怕金融危機，但金融危機本身並不可怕，它只是真實世界運行變化的規律，人們之所以畏懼它，是因為當金融危機發生時，人類大腦中的認知世界與外界真實的世界發生了巨大的脫節，使人們沉浸在了無盡的痛苦之中。

💡 第七節　金融危機模型

通常，人們描述金融危機的發展過程會用到數學模型，但數學模型無法描述人類的認知缺陷，所以我們使用文字來描述金融危機的發生過程，為了方便描述，我們將背景定義為荷蘭的鬱金香危機。

16 世紀中期，鬱金香由土耳其引入西歐，鬱金香獨特的氣質，受到了人們的追捧。到 17 世紀初期，一些稀有品種賣出了高價，富人也在自己的花園中展示最新和最稀有的品種，這種攀比最終演化成了一場投機狂潮。在 1635 年，一株鬱金香球莖居然賣出了 1615 弗羅林，這相當於當時 12 頭公牛的價格，第二年，一株鬱金香更是賣到了 4600 弗羅林，所有民眾陷入了財富的狂歡之中，人們爭相參與鬱金香交易，每個人都賺得盆滿缽滿。但是到了 1637 年，所有的一切戛然而止，鬱金香的價格開始了暴跌，所有人的財富在瞬間化為了烏有，人們陷入了絕望。

當鬱金香剛剛進入荷蘭的時候，產量小，需求大，價格不斷的上漲，很多人看到其中的商機，參與到交易中來，鬱金香的需求量不斷擴大，價格也在不斷的上漲，從而吸引更多的人參與到交易中來，進一步促進需求和價格的上漲。從這個層面看來，鬱金香的價格會不斷上漲。但是，真實世界存在的事物，如果沒有被人類觀察到，便不會在人們大腦中的認知世界裡形成印象，人們在思考問題時忽略了一個重要事實。

價格的迅速上漲，促進了鬱金香產量的增加，但由於鬱金香

存在生長週期，所以產量的上漲要滯後於需求的上漲，只要鬱金香的需求大於產量，鬱金香的價格就會不斷上漲，產量也會不斷的增加，直到產量和需求平衡之後，鬱金香的價格才會趨於穩定，但此時，由於鬱金香產量的上漲存在滯後性，當需求平衡時，產量其實就已經開始過剩了。

鬱金香所具有的投資價值，是因為其需求大於產量造成的。一旦產量大於需求，鬱金香便不再具備投資價值，其價格體系便開始崩潰，待鬱金香的價格穩定之後，會建立供應與需求的平衡。當一種事物面臨長期短缺時，其價格會不斷的上漲，由此而具備了長期投資價值，由於價格的不斷上漲，同時也刺激了這種事物的產量，當產量超越了需求時，這種事物的投資價值便宣告終結，原先的價格體系開始崩潰，並重新建立一套新的價格體系。

💡 第八節　為什麼人們懼怕金融危機

回顧金融危機的發展與爆發過程，其本質是世界運行變化的規律，一種事物從稀缺到普及，從具備投資價值到喪失投資價值的過程。由於這個過程的時間週期較長，而人類的認知又是有限的，所以無法看清全貌，對世界的認知只是被侷限在局部。當處在價格持續上漲的時候，人們認為這種情形會不斷持續，所以人們忘卻了風險，為了獲得更大的收益，不斷的提高自身的金融槓桿。

人類的邏輯和思維只是在自身大腦的認知世界中完成，而外界真實世界依然按照世界運行變化的規律發展演化，與人類的意志無關。當事物由供不應求發展到供給過剩的時候，外界真實世界的環境已經發生了變化，但人類大腦中的認知世界並沒有發生變化，兩個世界出現了脫節，當價格開始下跌時，人們依然堅信價格會上漲，結果陷入了無盡的痛苦之中。

金融危機的可怕之處在於，人們大腦的認知世界與外界真實的世界會發生脫節，這也反映了人類的認知特點，金融危機並不可怕，可怕的是人類所未知的世界。

第七章

知識溯源

💡 第一節　知識的發展規律

　　在絕大多數人眼中，知識所代表的是權威的觀點，但是，知識本身也是來源於人類的思考與總結，受制於人類自身的認知缺陷，知識同樣難以擺脫自身對於外界真實世界的偏見。知識的終點，是能夠準確描述外界真實世界的本來面貌，但由於人類自身的認知缺陷，知識在描述外界真實世界的時候，始終存在偏見，雖然人們總是認為：自己所掌握的知識絕對正確，但這種正確性只侷限在人類大腦的認知世界之中。人們對知識的思考與總結，來源於對外界真實世界的觀察，只有不斷減少自身對外界真實世界的偏見，我們才能逐漸發現外界真實世界的本來面貌，所以，未來知識的發展方向是不斷減少對外界真實世界的偏見。

　　由於人類認知缺陷的存在，知識並不存在絕對的權威，在望遠鏡被發明之前，由於人們無法觀察星系運動，所以否定了《日心說》，將《地心說》奉為權威，但自望遠鏡被發明之後，人們觀察到了星系運動，便開始逐漸接受了《日心說》。所以，知識的權威性只是相對而言，一旦人類發明新的研究和思考方法，知識的權威就會發生變更。或者，我們換一個角度去解釋這個問題：知識的權威性，只是建立在當下人類的觀測和思考水準之上，一旦人類的觀測和思考水準發生變化，知識的權威性也會發生變化。所以，越是權威的知識，反而越容易被時代所淘汰。我們對知識的追求，不應該將重點放在權威上，而是致力於不斷的糾正自身偏見，發現外界真實世界的本來面貌。

💡 第二節　知識的兩個世界

在應試教育的環境之下，努力學習，不斷提高自身成績，獲得更高的學歷，在將來工作的時候可以擁有更多的優勢。人們對知識的理解與認識，始終圍繞在應試教育的周圍，下面我們要從另一個角度去理解知識，幫助人們開拓眼界。

人類的感官是有限的，只能觀察到世界的局部，但是在很多情況下，我們迫切需要瞭解這個世界是怎樣運行的，在炒股的時候，人們想要知道各種事件的發生，會導致未來的市場發生怎樣的變化，在戰爭的時候，人們想要知道，自己的決策，會對將來的戰事產生怎樣的影響，在商業活動中，人們想要知道未來的政策會發生怎樣的變化。我們所學習的所有知識，諸如經濟學、金融學、兵法、物理學、化學、心理學、生物學等等，其實都是在向我們展示這個世界是如何運行的，但是，這些知識能夠真實的反映世界的運行和變化嗎？

在應試教育的環境中，知識作為權威而存在，人們必須絕對的服從。但當人們走出象牙塔，開始面對外面真實的世界時，人們對知識的學習是為了瞭解外界真實世界運行變化的規律，以幫助自己做出正確的決策，避免錯誤的產生。那麼，知識的權威性，能否真實的反應外部真實世界運行變化的規律呢？在應試教育的環境之下，人們獲得更高的學歷是為了獲得人們的認同，但走出了象牙塔之後，人們對知識的追求為解決自己所面臨的各種問題，能否真實反映外界真實世界運行變化的規律，成為檢驗知識的唯一標準。

💡 第三節　知識的內涵

　　所有的知識，最終都是外部真實世界運行變化規律的解釋，之所以存在分科，恰恰反映了人類自身認知的侷限：只能認識世界的局部。每一種知識，都是在某種特定的角度下觀察世界，所以，在解釋世界運行變化規律的時候，每一種知識都存在偏見，但每個人卻又希望用自己所掌握的知識去解釋這個世界。所以，在學術領域就出現了一種特有的現象，門派林立，爭論不休。

　　我們以經濟學為例，主流的有古典學派、新古典經濟學派、馬克思主義學派、發展主義學派、奧地利學派、凱恩斯學派、行為學派等等，還有不計其數的非主流的學派，每個學派都存在自己的理論，而且堅信自己的理論絕對正確，學派之間爭論永不停歇。這有點像金庸的武俠小說，每一個門派都想爭做武林盟主而相互爭鬥。但這種現象只存於學術界，因為每個學派都希望確立自己的權威性，但是在真實的世界面前，這種權威性卻蕩然無存，因為人們只是希望瞭解外界真實世界運行變化的規律，幫助自己解決各種問題，對門派之爭毫無興趣。

　　在真實的世界面前，任何知識都存在偏見，我們想要瞭解真實世界的本來面貌，首先應該瞭解知識的偏見是如何產生的，然後再去思考如何去規避這些偏見，將自己所學的知識實用化，儼然變成了一個哲學問題，而這恰恰是我們所欠缺的。

💡 第四節　知識的偏見

　　世界是唯一的，但人類大腦的認知世界是彼此不同的，由於人類所有的邏輯與思考都是在自身大腦的認知世界中完成，所以，人類大腦認知世界的彼此不同，導致了最終觀點的不同。每一種知識和學派背後，其實都是在構建屬於自己的大腦認知世界，所有的觀點都是基於這個認知世界。學術的權威性，其實是以被囚禁在了自己大腦的認知世界之中為代價的。

　　在當今社會科學中，《經濟學》佔據著重要地位，是各國政府對經濟進行干預的重要理論依據。但經濟學理論存在三個重要的假設前提，第一個是理性人假設，又稱經濟人假設，即假設每一個從事經濟活動的人，所採取的行為都是以最小的代價獲取最大的利益。第二個假設是資訊完全假設，即假設每一個從事經濟活動的個體，都會在經濟活動中有著完全的資訊，第三個假設是稀缺性假設，即資源是有限的。經濟學理論，是在這三個假設基礎之上成立的，雖然我們不知道外界真實世界是否是這樣，但這三個假設已經構建了經濟學的認知世界。學術的權威性能否真實的反應外界真實世界的本來面貌？能夠順利幫助人們解決現實世界中存在的問題嗎？

　　學術界的知識和理論都存在類似的問題，追求權威卻忽視了外界真實世界的本來面貌。學術界對知識的理解與社會環境中人們對知識的理解出現了明顯的不同，顯然，這並不是一種好現象。

💡 第五節　授之以漁

　　人類的邏輯與思維是在自己大腦的認知世界中完成，存在於真實世界之中的事物，如果沒有在人類大腦中的認知世界中形成印象，就不會參與到人類的邏輯與思維之中，所以，人類始終無法擺脫自身對於外界真實世界的偏見。但是，每個人都認為：自己大腦中的認知世界便是外界真實世界的本來面貌，每個人都認為自己的觀點與知識是絕對權威的，但不同的人生活在不同的認知世界之中，於是這個世界陷入了無限的爭論之中。

　　老師在教授學生知識的時候，擁有絕對的權威，學生在學習的時候，伴隨老師的步伐，對外界真實的世界也產生了固有的偏見。不同的人，處在不同的環境之中，大腦中的認知世界對世界產生了不同的印象，從而產生了彼此不同的觀點。同樣的知識，由於人類大腦中的認知世界彼此不同，在不同人的心中會產生不同的理解。所以，知識在傳播的過程中，對外界真實世界的偏見會越發的深刻。

　　知識來源於人們對外界真實世界的觀察與思考，人們學習和研究知識也是為了幫助自己解決現實中存在的問題，只有不斷的減少自身對於外界真實世界的偏見，發現真實世界的本來面貌，知識在解決問題的時候才能更加的遊刃有餘。現代的教育體系，只是在教授人們知識，卻沒有教給人們如何去糾正自身對外界真實世界的偏見，結果使人們對外界真實世界的偏見越來越深刻。

　　現代的社會並不缺乏知識，缺乏的是思考，每個人都被囚禁

在了自我的認知世界之中，距離外界真實的世界越來越遠，改變這一現狀，需要教會人們如何去處理：自己大腦中的認知世界和外界真實世界之間的關係。

第八章

觀察世界的角度

💡 第一節　後天性思維的建立

　　任何觀點的形成，都是站在某一個特定的角度去觀察世界的結果，正確的理解世界，其實就是在尋找一個正確觀察世界的角度。人類的所有觀點，來源於自己大腦的認知世界，但受制於自身的認知缺陷，人類大腦的認知世界對外界真實的世界始終存在偏見，如何才能解決這個問題呢？

　　外界真實的世界，獨立於人類的意識存在，無論人們對外界真實世界的印象如何，這個世界只是一味的突兀奔流，而與人類的意志無關。受制於人類自身的認知缺陷，人們大腦對世界的印象被侷限在了自己所處的環境之中，思維也被侷限在其中，同一個世界之下，人們卻生活在彼此不同的認知世界之中，有著彼此不同的觀點。所以，我們可以把不同人的思維看做是不同的思維模型，各種不同的思維模型，處在同一個世界之下，接受外界真實世界運行變化規律的檢驗。

　　思維模型接受檢驗的過程與結果，被詳盡的記錄在了歷史之中，人們將檢驗的過程與結果進行不斷的歸納與總結，得到的是性格與命運之間的因果關係，這種因果關係本身所體現的便是世界運行變化的規律。人類對外界真實世界的認識，只是侷限於自己所觀察到的內容，真實世界存在，如果沒有被人類觀察到，就不會在人類的大腦中形成印象。世界運行變化的規律，雖然存在於真實的世界之中，但由於其無色、無味，所以絕大多數人無法觀察到它的存在。但是，我們通過對歷史的研究與思考，才漸漸發現了這種規律的身影。

人類的先天性思維是以自己大腦的認知世界為準，這種思維方式難以克服人類自身對外界真實世界的偏見。通過對歷史的思考和研究，我們漸漸發現了真實世界運行變化的規律，並以這種規律為基礎進行邏輯和思考，從而建立了我們的後天性思維。

💡 第二節　東方思想中的思辨

　　三國時期，諸葛亮錯用馬謖，街亭失守之後，司馬懿率領十五萬大軍直奔諸葛亮而來，然而諸葛亮身邊並無大將，士兵不過兩千餘人。諸葛亮命令士兵把所有旌旗藏起來，不准喧嘩，城門大開，每個城門安排 20 幾個士兵扮做百姓模樣打掃衛生。諸葛亮帶領兩個書童在城門上彈琴。司馬懿見狀，害怕城中有埋伏，於是退兵。

　　在空城面前，司馬懿的心中擁有兩個答案，第一個答案來源於自己的先天性思維：諸葛亮精通兵法，足智多謀，不會出現如此重大的失誤，所以肯定有埋伏。第二個答案來自於自己的後天性思維：根據形勢分析，諸葛亮的軍隊已經分兵各處，此處軍隊規模有限，進攻便可以輕易取勝。但是最終，司馬懿選擇了前者，錯過了好時機。

先天性思維和後天性思維共同存在於人類的大腦之中，前者的思維基於人類大腦的認知世界，後者的思維則基於外界真實的世界，當我們在思考問題的時候，究竟是基於自己的印象，還是基於當前的形勢呢？如何去處理這兩種思維之間的關係，在中國的傳統思想中早已給出了答案。

　　世界運行變化的規律，無色，無味，無形，無法被人類的感官覺察，但卻存在於真實的世界之中，道家思想將其稱之為「道」。「道」存在於真實的世界之中，但由於人類無法觀察到它，所以「道」並不存在於人類大腦的認知世界中。人類的邏輯只是被侷限在自己大腦的認知世界之中，而這個世界與外界真實的世界並不相同，所以人類才會不斷的遭遇失敗。為了避免失敗，人類必須走出自己大腦中的認知世界，去研究和發現外界真實世界運行變化的規律。中國古代的《兵書》便是道家思想的產物，人們不斷的研究和思考，總結出世界運行變化的規律，想要在戰爭中獲勝，就必須順應這種規律。

　　人類所有的邏輯都源於自己大腦的認知世界，但受制於人類自身認知的缺陷，人類始終無法擺脫自身對外界真實世界的偏見。為了克服這種偏見，我們必須走出自己大腦中的認知世界，這便是道家思想中「無」的境界。人類的思想被侷限在自己大腦的認知世界中，我們大腦中所想像的一切，並不是外界真實世界的本來面貌，我們必須忘記自己大腦中所想像的一切，按照世界運行變化的規律去思考問題。對世界運行變化規律的研究，是道家思想中一項非常重要的任務，掌握並順應這種規律是道家思想的核心所在。

💡 第三節　做學問的態度

真實世界之中的事物發展演化遵循世界運行變化的規律，受制於我們自身的感官，這種規律並沒有在我們的大腦中形成印象，但它真實的存在世界之中，時刻影響著所有的一切。我們通過對歷史的研究和思考，逐漸發現這種規律，然後利用這種規律去解決我們遇到的所有問題，這是做學問應有的態度。但是，現在絕大多數人對做學問根本沒有什麼興趣，之所以會存在這種現狀，問題出在做學問的態度上。

現在的學者在做學問的時候，喜歡引經據典，將先賢比作聖人，認為聖人所說的一切都是絕對正確的，所有的一切都應該向聖人看齊。這種邏輯存在嚴重的問題，人類的觀點來源於自己大腦的認知世界，因為人們大腦的認知世界彼此不同，所以人們的觀點才會充滿了分歧，但是，當我們瞭解了別人思考問題的角度，以及他大腦認知世界中的景象時，我們也可以理解他的觀點。

聖人的觀點，也是來源於自身大腦的認知世界，如果我們只是學習聖人的觀點，而不瞭解聖人觀察和思考世界的角度，我們又怎麼會對他們的觀點產生認同和理解呢？由此而構建的後天性思維，是無法對先天性思維產生影響的。

做學問的核心，不是學習知識，也不是模仿聖人，而是在尋找一個理解和觀察世界的角度，當我們找到了合適的角度時，所有的問題就會迎刃而解。

💡 第四節　打開國學大門的鑰匙

　　人類所有的觀點，來源於自身大腦的認知世界，雖然世界是唯一的，但由於人們大腦中的認知世界彼此不同，所以人們才會充滿了分歧，每個人都固守在自己大腦的認知世界中，從自己的角度去觀察這個世界。如果我們能夠走出自己大腦的認知世界，去瞭解別人大腦認知世界的模樣，從別人觀察世界的角度去觀察世界，那我們也就知道別人觀點的由來了，這個世界也就不會存在那麼多的分歧。

　　人類大腦的認知世界來源於人類對外界環境的觀察，不同的環境塑造了人們大腦中彼此不同的認知世界，從而形成了彼此不同的觀點，環境對人類的思想有著至關重要的影響，人類的思想也可以看作是環境的產物，不同的觀點，是因為人們處在不同的環境之中。

　　現代人們對傳統文化的研究和解讀，無不是基於自己觀察世界的角度，這種解讀方式，能夠理解傳統文化的精髓嗎？每一位研究者都固守在自己大腦的認知世界之中，用居高臨下的眼光審視傳統文化。雖然傳統文化是唯一的，但由於人們大腦中彼此不同的認知世界，人們對傳統文化的研究早已陷入了無限的爭論之中，而且每個人都認為自己的觀點是最正確，最權威的。

　　瞭解傳統文化的精髓，我們需要瞭解的是傳統文化觀察世界的角度，國學中的觀點是在怎樣的認知世界中形成的，只有做到這兩點，我們才能夠消化和理解傳統文化中的精髓。所以，傳

統文化的核心，不是各種觀點，而是人們觀察世界的角度，我們應該用怎樣的一個角度去觀察和理解這個世界！對傳統文化的研究，觀點並不是核心，而是觀察世界的角度，只有在相同的角度去思考問題，才會得到相同的答案。

第九章

修身

人類的邏輯和思維是在自己大腦的認知世界中完成，而行為則作用在外界真實世界之中，如果人們大腦中的認知世界與外界真實的世界相同，當人們的決策和行為作用在真實的世界中時，就會按照人們的預期發展。如果兩個世界並不相同，人們的決策與行為，在真實的世界之中就很難按照自身的預期發展。所有的問題的根源，在人們大腦的認知世界之中，如果期望外界真實的世界按照我們的預期發展，需要改變和完善的是我們大腦中的認知世界，於是這回到了一個非常古老的問題上：「古之欲明明德於天下者，先治其國；欲治其國者，先齊其家；欲齊其家者，先修其身；欲修其身者，先正其心；欲正其心者，先誠其意；欲誠其意者，先致其知，致知在格物。物格而後知至，知至而後意誠，意誠而後心正，心正而後身修，身修而後家齊，家齊而後國治，國治而後天下平。」

💡 第一節　無為

　　儒家文化、道家文化、釋家文化構築了中國傳統文化的基石，人們更瞭解儒家文化，對道家和釋家相對陌生，但正是道家和釋家思想構築了中國傳統文化的底蘊。雖然人類生活在真實的世界之下，但人類的邏輯和思維只是在自己大腦的認知世界中完成，這個世界形成於人類對外部真實世界的觀察，真實世界存在的事物，如果沒有被人類觀察到，就不會在人類的大腦中形成印象，也不會參與到人類的邏輯和思維中。外界真實的世界和大腦中的認知世界，是人類所面對的兩個世界。如何正確處理兩個世界之間的關係，是千百年來人們不斷思考的問題。

　　世界運行變化的規律，無色、無味、無形，無法被人類的感官覺察，但卻存在於真實的世界之中，道家思想將其稱之為「道」。「道」存在於真實的世界之中，但由於人類無法觀察到它，所以「道」並不存在於人類大腦的認知世界中。人類的邏輯只是被侷限在自己大腦的認知世界之中，而這個世界與外界真實的世界並不相同，所以人類才會不斷的遭遇失敗。為了避免失敗，人類必須走出自己大腦中的認知世界，去研究和發現外界真實世界運行變化的規律。中國古代的《兵書》便是道家思想的產物，人們不斷的研究和思考，總結出世界運行變化的規律，想要在戰爭中獲勝，就必須順應這種規律。那麼，如何才能走出自己大腦的認知世界呢？

　　人類所有的邏輯都源於自己大腦的認知世界，但受制於人類自身認知的缺陷，人類始終無法擺脫自身對外界真實世界的偏

見。為了克服這種偏見，我們必須走出自己大腦中的認知世界，這便是道家思想中「無」的境界。人類的思想被侷限在自己大腦的認知世界中，我們大腦中所想像的一切，並不是外界真實世界的本來面貌，我們必須忘記自己大腦中所想像的一切，按照世界運行變化的規律去思考問題。對世界運行變化規律的研究，是道家思想中一項非常重要的任務，掌握並順應這種規律是道家思想的核心所在。

💡 第二節　空

我們大腦中想像的世界與外界真實的世界相同嗎？可能人們並沒有仔細思考過這個問題，但這個問題卻困擾了絕大多數人，夾在夢想與現實的距離之中，無法得到解脫而沉浸在痛苦之中，難以自拔。但人類痛苦的根源，並不在於外界真實的世界中，而在於人們的心中。

人類邏輯思維的基礎是自己大腦中的認識世界，當外界真實的世界超越大腦中的認知世界時，人類會感到幸福和高興，而當外界真實的世界不及人類大腦中的認知世界時，人類會感到痛苦和絕望。但外界真實的世界只是按照世界運行變化的規律發展演化，而與人類的意志無關。所謂的痛苦與絕望，到底是因為外界

的世界太殘酷，還是因為人們想像的太過美好呢？

人類大腦中想像的那個世界，是一個虛擬的世界，與外界真實的世界並不相同，但人們總是沉迷在這個虛擬的世界之中，卻無法正視外界真實的世界，結果陷入了無盡的痛苦之中。正所謂苦海無邊，回頭是岸，只有清空自己心中的那個虛擬世界，回到現實的世界之中，所有的痛苦才會化為無形。這便是釋家「空」的境界。

第三節　心中的世界

人類共同生活在同一個世界之下，之所有擁有彼此不同的觀點，只是因為每個人的大腦中擁有彼此不同的認知世界。雖然人們的觀點彼此不同，但最終所有的行為作用在外界真實的世界之中，共同接受真實世界運行變化規律的檢驗。當人類大腦中的認知世界與外界真實的世界相同時，人們便會取得成功，如果兩個世界彼此不同，人類便會遭遇失敗，成功與失敗的關鍵其實就在人們的心中。不斷縮小大腦認知世界與外界真實世界之間的距離，成為了通往成功的必經之路。

但這個重要的問題卻往往被人們所忽略，人們只是將自己大

腦中的認知世界作為評價一切的標準，殊不知自己大腦中的認知世界只是自己對外界真實世界的一種偏見。為了避免遭遇失敗，人們在做出決策之前需要增加一個過程，反覆驗證自己大腦中的認知世界是否與外界真實的世界相同。西方哲學將這個過程稱之為思辨，在東方的文化氛圍下，擁有這種思辨過程的人，通常會被人們認為其心中的城府很深。

中西方文化，雖然表達方式不一樣，但最終解決和處理的都是同一個問題，那就是正確處理人類大腦中的認知世界與外界真實世界之間的關係。

💡 第四節　對傳統文化研究的誤區

一千個人眼中有一千個哈姆雷特，是對中國傳統文化研究現狀最恰當的比喻，以《道德經》為例，每個人都能做出不同的解讀。雖然每個人都認為自己的解讀最正確，最權威，但數十年來，對中國傳統文化的研究依然沒有實質性的進展，為什麼會出現這樣的局面呢？

同樣的世界，同樣的文化，同樣的經書，但每個人大腦中的認識世界卻彼此不同。人類的邏輯和思維都是在自己大腦的認知

世界中完成，當我們試圖去解釋時，所有問題的答案也僅僅侷限在人們大腦所能浮現的畫面之中，人類的邏輯和思維完全被囚禁在了自己大腦的認知世界之中。所以，現代人們對中國傳統文化的解讀，與其說是對傳統文化的研究，倒不如說是在展示其自身的內心世界。

　　傳統文化的核心，是幫助人們處理大腦中的認知世界與外界真實世界之間的關係，用來幫助人們解決切實問題。對傳統文化的研究，也就是研究和思考如何處理這兩個世界之間的關係，但是，現在對傳統文化的研究，人們只是以自己大腦中的認知世界作為評判一切的標準，將傳統文化解讀和評價一番，最終沒有解決任何問題，只是發表了一大堆主觀的言論，這樣的研究對人們有幫助嗎？

　　傳統文化之所以遭到冷落，問題的根源就在於人們根本不知道它能夠為人們解決什麼問題，僅僅依靠情懷去推廣傳統文化，這條路走不遠。顯然，現在絕大多數的研究者還沒搞清楚一個最重要的問題：傳統文化究竟能夠幫助人們解決什麼問題！

💡 第五節　虛懷若谷

　　成年之後，人類的智力達到了最高水準，但人類學習能力最強的時刻卻不是在成年之後，而是在成年之前。當成年之後，再去學一些東西真的很難，為什麼會出現這樣的局面呢？

　　擁有獨立的思維和意識，以自己大腦中的認識世界作為評價一切的標準，是人類成年的重要標誌。但人類大腦中的認識世界，來源於自身對成長環境的觀察，這個環境只是真實世界的局部，而這個局部卻構建了人類大腦認知世界的全部。所以，人類很難擺脫自身對於外界真實世界的偏見。

　　每個人都認為自己是絕對正確的，自己的觀點是權威，但這種認知只是建立在自身對外界真實世界的偏見之上，人類的固執己見，只是將自己囚禁在了對外界真實世界的偏見之中。為了克服這種偏見，我們必須走出自己大腦中的認知世界，去研究和發現外界真實世界的本來面貌。

💡 第六節 中國傳統思想的特點

　　科學是西方思想方法的結晶，人們通過對自然現象的觀察，提出假設，然後再到真實的世界中進行試驗驗證，如果實驗結果符合預期，則證明假設是正確的，如果實驗與預期不符，則證明假設存在錯誤，需要進行重新假設。現在很多人誤以為科學便是權威，但其實，科學是一種不斷探索外界真實世界的思維方法，允許人們失誤和犯錯，在不斷的錯誤之中，人們逐漸找到和發現了外界真實世界的本來面貌。

　　西方思想的成就，主要集中在自然科學領域，因為科學這種思維方法，適合於自然科學。但在社會科學領域，科學這種思維方法就顯得不那麼合適了，因為每一種概念的驗證過程少則需要數年，多則數十年，幾百年，人類顯然沒有足夠的精力和時間去驗證這些概念，所以我們必須更換一種研究方法。在中國的傳統思想面前，這個問題就迎刃而解。

　　每一種概念所展示的，都是人類大腦中的認知世界，但受制於人類自身的認知缺陷，每一種概念對外界真實的世界都存在偏見。所有的概念都會在真實的世界中接受真實世界運行變化規律的檢驗，由於偏見的存在，所以每一種概念都會經歷成長，繁榮，和衰退，直至最終的消亡，而這一切都被歷史詳盡的記錄下來。歷史為人們所呈現的，是各種概念的驗證過程，通過對歷史的研究，我們可以歸納和總結出世界運行變化的規律。

　　當下的社會，仍有很多概念處在被驗證的階段，如果我們掌

握了世界運行變化的規律，那我們就可以預測這些概念未來的發展趨勢與結果，從而為我們的決策提供幫助。所以，中國的傳統思想，是建立在對歷史的研究基礎之上，通過對歷史不斷的研究總結和歸納，逐漸發現了世界運行變化的規律，並以此為基礎，預測當下社會未來發展變化的趨勢。

第十章

關於教育理論的探討

每一種理論的誕生，都是建立在人類對外界真實世界的偏見之上，理論的傳播與推廣會吸引部分人的關注，人們把這種理論作為自己邏輯和思維的基礎，並在真實的世界中進行實踐，接受真實世界運行變化規律的檢驗。檢驗的過程是一個非常漫長的過程，當檢驗結果呈現的時候，我們的人生已經耗去了大半，再也沒有機會進行重新選擇了。人生只有一次，我們必須跳出這個輪迴，重新審視教育理論，不要讓自己和孩子的人生淪為別人理論的試驗品。

第一節　當下教育理論的缺陷

對知識的學習與掌握，是現在絕大多數教育理論的側重點，將較高的分數和考取重點大學視為教育的成功。所以，這些教育理論的側重點集中在受教育階段。當孩子們離開學校，開始獨立面對外部真實世界的時候，這些教育理論的弊端就開始暴露。

人類所面對的世界分為兩個世界，一個是人類大腦中的認知世界，人類所有的邏輯和思維在這個世界中完成，另一個是所有人類所共同生活的外界真實的世界，事物的發展演化遵循世界運行變化的規律，而與人類的意志無關。這兩個世界並不相同，但人類卻總是將這兩個世界混為一談，無法正確的處理兩個世界之間的關係，從而使人類的思想出現各種各樣的問題。

網癮、叛逆、抑鬱症、啃老、自卑等等，這些名詞背後的原因，其實就是人們無法正確的處理兩個世界之間的關係，幫助人們正確處理兩個世界之間的關係是現在教育的當務之急，但由於人們還沒有意識到這個問題的存在，最終導致這些問題成為了頑疾。所以教育的眼光，不應該僅僅侷限在成績上，幫助人們建立正確的世界觀，正確處理兩個世界之間的關係，也應該是教育的重要任務。

💡 第二節　人生的捷徑

在很多人的心目中，人生的捷徑無非就是傍上大款，中大獎等等，但現實的情況卻很殘酷，很多渴望踏上人生捷徑的人，卻因此而誤入了人生歧途，這樣的人生捷徑並不可取，那應該如何去理解人生的捷徑呢？

人類的邏輯和思維在自己大腦的認知世界中完成，雖然人類總是認為自己的決策是絕對正確的，但這種正確性只是建立在人類大腦的認知世界之中。決策和行為作用在外界真實的世界之中，接受真實世界運行變化規律的檢驗。當行為與決策無法通過世界運行變化規律的檢驗，遭遇失敗的時候時，人類已經為之付出了大量的精力和財力。

人類在思考和決策的時候往往忽視了一個重要的問題：自己大腦中的認知世界是否與外界真實的世界相同呢？對這個問題的忽視，為未來的失敗埋下了隱患。為了避免自己在未來遭遇失敗，我們必須足夠的重視這個問題。

所以，在決策之前，我們一定要反覆思考和驗證一個問題：自己大腦中所想像的世界是否與外界真實的世界相同。不要只是侷限在自己大腦的認知世界之中，在人類大腦認知世界中正確的事情，在真實的世界中並不一定正確，因為這兩個世界並不相同。

用不斷的思考來避免人生的失敗，難道不是人生的捷徑嗎？當然，這種思考建立的前提是如何才能發現真實世界運行變化的規律，這是下一章的內容。

💡 第三節　成長環境的重要性

現在的教育依靠語言和文字傳遞知識，然後通過考試來驗證學生學習的成果。這樣的教育方法可以傳授知識，但卻無法傳授和影響孩子的世界觀，因為用這種方式去跟孩子溝通，由於代溝的存在，孩子會顯得十分叛逆。所以，現在很多孩子無法正確的處理自己大腦認知世界和外界真實世界之間的關係，從而產生各種問題，那麼，如何才能幫助孩子構建正確的世界觀呢？

大腦中的認知世界是人類邏輯和思維的基礎，這個世界形成於人類對外界真實世界的觀察，真實世界存在的事物，如果沒有被人類觀察到，就不會在人類大腦的認知世界中形成印象，也不會參與到人類的邏輯和思維之中。青少年的成長環境相對封閉，僅僅被侷限在學校和家庭之間，這個相對封閉的環境構建了青少年大腦對這個世界的印象。而作為成年人，早就走出了那個相對封閉的環境，身處外界真實的世界之中。所處環境的不同，大腦認知世界對外界世界的印象不同，邏輯思維的基礎也就不同，從而造成了觀點的分歧與代溝。

人類獨立自我意識形成的標誌，是以自己大腦的認知世界作為評價外界真實世界的標準，如果在獨立的自我意識形成之前，成功幫助孩子建立了正確的世界觀，當孩子獨立面對外界真實世界的時候便會遊刃有餘，如果沒有成功幫助孩子建立正確的世界觀，當孩子面對外界真實世界的時候就會面臨諸多的問題，再去挽救已經為時已晚了，因為孩子根本不會聽，所有的一切只能依靠孩子自己的造化了。所以，幫助孩子建立正確的世界觀，一定

要在獨立的自我意識形成之前，這個時間節點非常重要。

　　幫助孩子建立正確的世界觀，關鍵在於：如何才能在孩子的大腦中，塑造一個正確的大腦認知世界，而人類大腦的認知世界形成於對外界環境的觀察，所以，問題就轉化為：如何才能正確塑造孩子的成長環境。

💡 第四節　懲罰與鼓勵

　　當孩子長大成人，離開了那個相對封閉的成長環境，雖然外界的環境已經發生了變化，但在孩子大腦的認知世界裡，卻依然停留在自己成長的環境之中，想像與現實脫節，不斷的遭受挫折與失敗，使自己沉浸在痛苦之中，從而出現各種各樣的問題。每一個人在步入社會的時候都會經歷這個艱難的時刻。

　　教育的目的不單單是為了成績，也是為了孩子能夠順利的步入社會，獨立適應和面對外界真實的世界，而做到這一點的關鍵在於：努力縮小孩子的成長環境與外界真實世界之間的距離。中國有句古話：慈母多敗兒，本質的原因是：在孩子的成長過程中，對孩子過分的保護和關愛，嚴重脫離了外界真實世界的環境，從而使孩子在步入社會之中時無法做出正確的選擇。

關心和疼愛孩子毋庸置疑，但為了孩子能夠順利的融入社會，在塑造孩子成長環境的時候，一定要縮小與外界真實世界之間的距離。中國傳統的家庭教育，是以「道德」作為孩子獎懲標準的，違反道德的行為，孩子就會遭到父母的懲罰，遵守道德的行為，會得到父母的肯定。使用「道德」來規範孩子的行為，其實就是在幫助孩子塑造正確的世界觀，縮小成長環境與外界真實環境之間的距離。

💡 第五節　前進的動力

人們喜歡安逸，安逸代表人們的內心處在最舒適的狀態，既然已經最舒適了，人們為什麼還要去改變呢？人類的邏輯和思維是在自身大腦的認知世界中完成，這個世界形成於人類對外界真實世界的觀察，成長時期遭遇的痛苦會被深深印刻在這個世界之中，長大之後，當人們再次遇到似曾相識的場景時，痛苦的記憶會重新浮現在腦海之中，人們為了逃避這種痛苦，就會做出相應的決策和行動。

不同的地方有不同的風俗，不同的輿論環境，以中國東北地區為例，從孩子開始，膽小、怯懦的人會遭到人們的譏諷和嘲笑，這種記憶留存在他們大腦的認知世界之中，影響著他們一生的行

為，由於害怕被人譏諷和嘲笑，所以東北人的性格比較火爆。山東人則有著不同的輿論環境，不實在和不仗義的人會遭到人們的白眼和非議，這種記憶留存在他們大腦的認知世界之中，由於害怕遭到人們的白眼和非議，所以山東人比較實在。不同地方，不同的輿論環境，塑造了不同地方人們的性格特徵。

真正催動人們前進的動力，其實是人們記憶中的痛苦。激將法利用的便是這個原理，通過各種方法激起人們心中痛苦的回憶，由於人們害怕痛苦，所以就會做出相應的決策和行為去逃避這種痛苦！一些人的人生處在不斷的奮鬥之中，並不是因為他們想要獲得什麼成就，其實是為了逃避內心的痛苦。

人們在培養孩子的時候，總是將孩子置於最舒適和安逸的環境之中，處在這樣的環境之中，人們又為何前進，為何努力呢？所以，這是一個值得所有父母去反思的問題。越是富裕的環境，孩子的生活也就越安逸，內心的痛苦的記憶也就越小，支持其前進的動力也就越少，所以，就這一點而言，富裕家庭的孩子不及貧困家庭的孩子。但這並不是絕對，富裕的家庭環境也可以在孩子的心中植根痛苦，從而催促其不斷前進。

榮譽，也是一種人為塑造的輿論環境，任何有損榮譽的行為都會遭到懲罰，從而在人們的心中製造了一種痛苦的記憶，待孩子長大成人之後，由於懼怕這種痛苦的記憶，榮譽也會成為他們前進的動力。

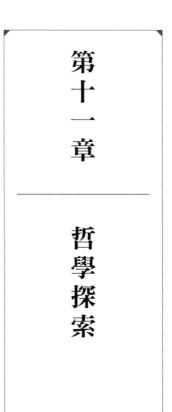

第十一章 —— 哲學探索

💡 第一節　當代哲學研究存在的問題

　　當代的哲學研究已經陷入了困境，哲學專業已經成為了一個非常冷門的專業，甚至很多研究者認為哲學本身並沒有實用價值，出現這樣的問題並不是哲學本身存在問題，而是人們還不知道從哪一個角度去理解哲學。

　　人們所面對的世界由兩個世界組成，一個是人類大腦的認知世界，另一個是外界真實的世界，這兩個世界並不相同，但人們卻往往忽略這個問題的存在，以為自己大腦的認知世界便是外界真實的世界，將兩個世界混為一談。如何處理這兩個世界之間的關係，便是哲學研究內容。哲學研究的是人與世界之間的關係，幫助人類解決在與外界世界相處時存在的各種問題，具備實用價值，但現在人們將哲學定位為對哲學史的研究，研究對象不同，從而使哲學喪失了實用價值。

　　人類的邏輯和思維是以自己大腦的認知世界作為標準去評價外界真實世界的，但哲學家總是在努力走出自己大腦的認知世界，然後作為一個旁觀者去思考和分析人類與外界真實世界之間的關係，這是哲學思考問題的角度，但是，當代的哲學研究者在思考問題的時候，根本無法突破自己大腦的認知世界，這也是當代哲學研究無法產生重大影響力的原因所在。

💡 第二節　為什麼博士的英文全稱為哲學博士

博士的英文全稱：Doctor of Philosophy，字面意思為哲學博士，但這代表的並不是研讀哲學專業的博士，而是指學術研究型的博士，為了避免造成誤解，所以直接翻譯為「博士」。擁有博士學位的人，所代表的是本專業最高的知識水準，但這與哲學之間又存在什麼關係呢？英文中「哲學博士」的稱呼，難道只是在沿用傳統？其實只是因為中國在引進西學時，遺漏了一些非常重要的內容，所以才無法解釋和理解這些問題，現在找回來還為時不晚。

人類的邏輯和思維是在自己大腦的認知世界中完成，這個認知世界源於人類對外界真實世界的觀察，但由於受到人類自身感官的限制，人類所能觀察到的世界是有限的，但有限的世界卻構成了人類認知世界的全部，人類所有的思維都被侷限在了這個認知世界中，所以人類對外界真實世界的認識始終存在偏見。

人類對外界真實世界的探索，其實是一個不斷糾正自身偏見的過程。如何才能糾正自身對外界真實世界的偏見呢？這就需要我們建立一套行之有效的思維方法。首先，根據觀察到的現象，提出理論假設，然後根據理論假設進行推論。而為了驗證假設和推論的正確性，需要在真實的世界之中設計實驗，進行驗證。如果驗證結果與推論相符，那就證明理論假設是正確的，如果不相符，那就證明理論假設是錯誤的，需要進行重新假設和驗證。這套思維方法其實就是科學。

科學的本質，是一種思維方法，這種思維方法所產生的結果，就是人類對外界真實世界認識的不斷加深，從而帶動了科技的不斷發展，創造了無數個奇跡。對真實世界的探索過程，是不斷糾正自身對外界真實世界偏見的過程，需要用到科學這種思維方法，而對思維方法的研究，恰恰是哲學研究的領域。每個專業的領軍人物，之所以能夠達到頂尖位置，就是因為其能夠不斷克服自身對外界真實世界的偏見，不斷發現外界真實世界的本來面貌，所以，在專業領域達到很高水準的人，其哲學素養也是相當高的。

現在人們對哲學和科學存在普遍的誤解，這種誤解來源於對西學的消化不良，哲學不是研究哲學史，而是研究人類的思想，科學也不是「科學」，而是一種系統的思維方法。對兩者的誤解使中國的學術始終存在頑疾。

哲學是最普遍的學問，外界真實的世界是唯一的，所有問題的根源都來自於人類自身的認知世界中，雖然每個人都認為自己的觀點絕對正確，但這種正確性只存在於自身的認知世界之中，但這個認知世界只是人們對外界真實世界的偏見，如何糾正這種偏見，便是哲學研究的領域。哲學造詣越高，糾正偏見的能力也就越強，也就越容易發現外界真實世界的本來面貌，從而走在行業的最前沿，所有的一切都是相輔相成的。

就目前而言，推動哲學建設還只停留在口號上，只是因為人們還沒有發現哲學所帶來的切實利益，但問題並不是出在哲學本身，而是因為人們對哲學還未產生正確的認識，只有正確認識了哲學，哲學才能成為推動社會進步和發展的中堅力量。

💡 第三節　中國傳統文化與哲學的淵源

現代人們對哲學的認識和研究，大部分集中於西方哲學，而對中國傳統文化的認識，更多的集中於儒家思想。難道中國的傳統文化之中就不存在哲學？中國人學習西方哲學，其實是存在一定侷限的，因為西方的哲學著作都是通過文字翻譯，呈現在讀者面前的，翻譯成中文的詞語意境，是否與英文詞語的意境相符呢？西方人閱讀哲學書籍，是否像我們一樣感覺生澀難懂呢？由於存在文化差異，我們在對西方哲學進行學習和研究的時候，始終存在消化不良的現象。如何以東方的思維模式去消化西方哲學，是現代哲學研究面臨的難題。

哲學的作用，是幫助人們處理自己大腦中的認知世界與外界真實世界之間的關係。人類的邏輯思維是在自己大腦的認知世界之中完成，而行為卻作用在真實的世界之中，這兩個世界並不相同，但人們卻總是將他們混為一談，分不清彼此。邏輯思維的世界與行為作用的世界相互脫節，從而使人們不斷的遭受挫折，承受失敗的痛苦。為了避免失敗，人們開始反思，不斷糾正自己大腦認知世界中對外界真實世界的偏見。這個反思的過程，其實就是哲學思考的過程。西方哲學的特點，在於人們將哲學思考的過程記錄了下來，並形成了現在的哲學著作。

只是記錄思考的結果，而不記錄思考的過程，是中國傳統文化不同於西方的最大特點，中國的各種古籍文獻只表達了某種觀點，卻根本無法體現哲學思考的存在。但是，沒有體現並不代表不存在，哲學思考的作用在於：糾正人們大腦的認知世界中對真

實世界的偏見，使自己能夠正確的認識外界真實的世界。中國的古代兵書，其實就是哲學思考的結果，只不過兵書所記載的只是人們思考的結果，而不是過程。當敵人還在依靠占卜做出戰爭決策的時候，中國將領就已經懂得分析運用真實世界運行變化的規律進行決策，從而在戰爭中佔得先機。雖然中國的傳統文化無法體現哲學思考的過程，但文化的形成卻是哲學思考的結果。

由於中國的傳統文化只記載了人們思考的結果，而沒有記載思考的過程，所以在文化傳承的時候很容易出現斷層，漁民為自己的子孫儲備了豐富的食物，但子孫們將這些食物耗盡的時候，卻不知道如何去捕魚。由於人們不知道先哲是如何思考和如何得出結論的，所以就只能按部就班，這是中國傳統文化的弊端所在。因為思想出現了斷層，人們不知道如何去思考，所以才會去「崇古」。

中國傳統文化與時俱進，我們學習和研究的，不應該只是古人的觀點，而是研究先哲們的思考過程，他們是如何思考才得到這些結論的，相比結論，他們的思考過程才是珍貴的財富。最近流行的國學風，孩子們念《弟子規》，就算是孩子們能夠倒背如流，他們知道這些道理背後蘊含著什麼含義嗎？先哲是從什麼角度思考並得出這些結論的，孩子恐怕並不知曉。授之以魚不如授之以漁，中國文化不再重蹈覆轍，就需要吸收西方哲學研究的特點，重視思考的過程，而不是思考的結果。

將思考的方法和過程傳播，猶如在人們的心中種下了一粒種子，種子生根發芽茁壯成長，逐漸成為了參天大樹。將思考的結果傳播，猶如給人們分發食糧，人們會感謝你，並將你視為聖人，

成為眾人仰慕的明星，但這卻帶來了一個意想不到的結果，人們不會思考，只是在等待聖人的指點。當西方文明突飛猛進的時候，中國文明卻還在原地踏步，並逐漸落後於時代，原因在於：西方世界思考方法的傳播，人們學會了思考，每個人都在積極的探索世界，而中國的人們卻還在等待「聖人」的指點，結果聖人的「指點」沒有來，最後等來的卻是飛機和炮彈。所以，中國文化的發展，不要再重蹈覆轍！

第四節　人類的非理性行為

　　每個人都認為自己的邏輯和思維是絕對理性的，但這種理性只是存在於人類自身大腦的認知世界之中。人類的行為作用在外界真實的世界之中，接受真實世界運行變化規律的檢驗，檢驗的結果被詳盡的記錄在了歷史之中。雖然人們認為自己的每一個決策和觀點是絕對理性的，但在回顧歷史的過程中，我們卻發現了人類的非理性行為。

　　《非同尋常的大眾幻想與全民瘋狂》中詳盡的記載了歷史中人類的非理性行為，人們瘋狂炒作鬱金香，最瘋狂的時候，一株鬱金香可以換一座豪宅，但最終，所有的一切都化為了泡影。改革開放之中，中國進入市場經濟，非理性的行為也變得越發普遍，

股票市場和期貨市場的暴漲與暴跌，大蒜和香菜的暴漲與暴跌，還有近幾年的共用經濟，曾經的炙手可熱，到現在卻無人問津，大量的共用單車淪為垃圾。人們的觀點逐漸被時間所驗證，雖然人們曾經認為這些觀點和決策是絕對正確的，但事實證明這些觀點和決策卻是非理性的。

當下我們認為絕對正確的觀點和決策，在未來的某一天卻被證明是非理性的，為什麼會存在這種現象，我們又該如何去避免這種現象呢？

在金融危機爆發之前，所有金融產品的價格瘋狂上漲，所有的人都在買入，並且認為賣出是錯誤的行為。但在金融危機爆發之後，金融產品的價格迅速下跌，人們又會認為當時買入是非理性的，而賣出是正確的選擇，環境的變化，左右了人們的觀點。所以，曾經正確的觀點和決策，後來成為了非理性的選擇，根本的原因在於外界的環境發生了變化。

外界真實的世界處在不斷的變化之中，但我們在思考問題的時候，只是注重當下的環境與局勢，卻忽視了世界未來的變化。雖然在當下的環境之中，我們的觀點絕對正確，隨著時間的增長，外界的環境發生了變化，觀點由正確變為了錯誤。避免這種現象的發生，需要我們在思考問題的時候，不要只是思考當下的環境與局勢，還要思考世界運行變化的規律。

所以，非理性行為產生的原因在於：人們在思考和決策的時候，忽略了世界運行變化的規律，雖然這種規律不存在於人類大腦的認知世界中，但卻存在於外界真實的世界之中，影響著事物

的發展演化，忽略了這種事物的存在，導致人類的決策出現錯誤和偏差，從而形成了非理性的行為。

　　避免非理性行為的產生，需要我們花費時間和精力去研究世界運行變化與發展的規律，在思考問題的時候，不要只是著眼於當下的環境與局勢，還要考慮世界未來的運行發展與變化。非理性行為產生的根本原因在於人類的認知缺陷，類似於規律這種無形，無色，無味的事物，人類的感官無法察覺，所以便忽視了這些規律的存在，但這些規律卻真實的存在於世界之中，影響著世界的發展演化。

　　存在於真實世界之中的事物，沒有被人類觀察到，就不會參與到人類的邏輯思維之中，從而構成了人類對於外界真實世界的偏見。但人類的行為最終作用在外界真實的世界之中，接受真實世界運行變化規律的檢驗，偏見導致人類無法正確認識世界運行變化的規律，導致行為無法通過世界運行變化規律的檢驗。所以，解決問題根本途徑在於，不斷克服人類自身的認知缺陷，發現外界真實世界的本來面貌。

💡 第五節　失敗商業計畫的共同特徵

「站在風口上，豬都會飛」，是雷軍的名言，代表了曾經的狂熱，但在轟轟烈烈了數年之後，究竟有幾頭豬飛了起來？成功的畢竟只是少數，大部分曾經的明星項目，從獲得投資人青睞，炙手可熱，到風風火火，大手花錢，到資金捉襟見肘，開始壓縮經營成本，再到難以為繼，四處乞援，直至最後無人理睬，無奈破產，如出一轍。曾經無懈可擊的商業計畫，為什麼無法經受現實世界的考驗？

建設水電站，選址非常重要，首先要有豐富的水源，然後是存在可利用的高度差，遵循這兩點，水電站在投資建成之後，才能實現盈利和資本回報。如果水電站選址錯誤，在投資建成之後，因為無法發電，所有的投資就會化為泡影。商業計畫的制定，如同規劃建設水電站，在投入所有的資金之後，需要實現盈利和資本回報，所以「選址」非常重要，只不過水電站的選址是在有形的世界之中，而商業計畫的選址則是無形的世界之中。

「順勢而為」是中國古人總結出來的經驗，「勢」代表的是世界運行變化的規律，這種規律無形、無色、無味，從而無法被人類觀察到，但卻真實的存在於世界之中，影響著事物的發展變化。人們在制定商業計畫的時候，往往忽視了「勢」的存在，從而為未來的失敗埋下了隱患。

自然界之中的水，永遠是從高處流向低處，如果我們使用水泵，水也可以從低處流向高處，代價是需要投入相應的資源。在

制定商業計畫時，人們會在現實的世界之中對計畫進行小規模的驗證，為了取得良好的效果，以獲得投資人的青睞，人們會有意干預驗證的過程，暗地投入相應的資源，從而達到了預想的效果，但這種效果其實是假像，扭曲了真實世界的本來面貌，雖然實現預想中的效果，但本質卻是一個消耗資源和資金的過程，一旦資源和資金耗盡，效果就無法維持。

在成功說服了投資人之後，大批資金到位，人們利用這些資金去創造輝煌的業績，從而吸引更多人的關注，以創造更高的價值。但業績的創造過程是一個消耗資金的過程，業績越輝煌，資金的消耗反而越劇烈，直至財務出現危機，捉襟見肘，人們才去思考如何節約資金，沒有了資金的支持，所有的業績開始暗淡，也使投資人開始側目。

商業計畫的失敗，根本的原因在於沒有遵循世界運行變化的規律，只是利用資金創造了一個虛假的世界，雖然利用這個虛假的世界成功說服了很多人，但在世界運行變化的規律面前，所有的一切又是那麼的脆弱不堪。

人類的邏輯和思維在自身大腦的認知世界中完成，這個世界形成於人類對外界真實世界的觀察，但受制於人類自身感官的限制，只能觀察到世界的局部，這是人類的認知缺陷。利用這個缺陷，在人們面前呈現出一個被扭曲了的世界，使人們誤以為這便是真實的世界。其實，真實的世界並沒有變，唯一變化的，只是人們大腦中的認知世界。

真實的世界是唯一的，但是受到自身認知的限制，我們處在

了一個被人為扭曲的世界之中，但是，他們所扭曲的只是人們大腦中的認知世界，真實的世界並沒有發生變化，所有的一切都遵循著世界運行變化的規律，那些成功說服了人們的理想世界，最終也會因為違背了世界運行變化的規律而回歸現實。

這個世界很複雜，到處充滿了新鮮的事物，新鮮的觀點，這個世界又很簡單，因為所有的一切都遵循著世界運行變化的規律。所有的一切假像最終都會在時間面前露出原型，因為世界運行變化規律本身就是一個尺規，順者昌，逆者亡！

第十二章

人類思想的解讀

💡 第一節　藝術家的氣質

1985 年，張瑞敏的朋友要買一臺冰箱，挑了許多臺都存在問題。於是張瑞敏派人把所有的冰箱檢查了一遍，結果 400 臺冰箱有 76 臺存在各種問題。當時一臺冰箱的價格是一個工人兩年的收入，但張瑞敏決定，誰生產的問題冰箱，誰親手砸掉，很多工人是含著淚砸掉。接下來的時間，張瑞敏反覆強調產品品質問題，並在三年後捧回了國家品質金獎。

還記得小時候放學時，老師總是出作業，如果老師不經常檢查，我就經常不寫作業。讀讀大學的時候，只要沒有考試，也就不會太在意功課，等到臨近考試的時候，就會加班加點的突擊。在工廠生產過程中，質檢是非常重要的崗位，質檢嚴格，產品品質就會得到保證，質檢寬鬆，產品品質很容易出現問題。這些事情所反映的是人類的行為特點：人們對自己的工作並沒有一個衡量標準，而為了能夠實現標準，就必須設置一個外在的檢驗過程，用來規範人們的行為。

如果沒有檢驗過程的存在，產品就會出現大量的問題。但這種問題不會在藝術家身上出現。藝術家在進行藝術創作的時候，對自己的作品不斷的進行修改，以期望呈現出自己心中最完美的形象。所以，藝術品並沒有外在的檢驗標準，而這個標準在每位藝術家的心中，每位藝術家根據自己心中的標準去創作，努力呈現出自己心中最完美的作品。

藝術家與普通人最大的區別在於，藝術家自身存在一個衡量

標準，如果一件作品不符合自己的標準，哪怕親手將它毀掉，也不會讓其問世，與之相反的是，很多企業和個人，在追求利潤的道路上，不斷的挑戰下限，毫無藝術和美感可言。

世界上成功的企業，都存在藝術家氣質，因為他們都有嚴格質檢過程，雖然受到成本等各種條件的制約，但始終能夠在當前的條件之下製作完成最完美的作品。而很多企業在生產過程中，由於受到成本的限制，選擇製造有瑕疵產品，雖然短時間內，企業可以獲得更高的利潤，但由於產品瑕疵所導致的品質問題不斷暴露，從而導致了銷量的銳減，從而使企業的處境變得艱難。

由此看來，人們對藝術的喜愛並不是沒有道理的，藝術的精神內涵在於藝術家心中的衡量標準，藝術家也會犯錯，也存在不良的作品，但他們哪怕親自毀掉這些作品和心血，也不會讓瑕疵作品問世，這是一位藝術家難得可貴的精神。那些注射器作畫的大師，並不能稱之為藝術家，因為他們的身上沒有絲毫的藝術家氣質和精神。

一個擁有藝術家氣質和精神的企業，會受到熱情的歡迎，張瑞敏、賈伯斯，都是人們心中的偶像。他們的每一個產品，都是自己手中的藝術作品，現在我們國家的企業真的是太缺乏這種精神了，吃相難看，而且沒有一點藝術家氣質！

💡 第二節 高山流水 知音難覓

有些電影中的情節，雖然沒有華麗的佈景，也沒有精彩的動作，但卻能引發人們內心深處的共鳴。在繁忙的生活和工作中，我們時刻保持微笑，把所有的一切深藏在心中，而當螢幕中的情節深入到我們心中時，埋藏在心中的情緒卻抑制不住，頓時翻湧出來。高山流水，知音難覓，每個人都是孤獨的，當電影中的情節引發我們強烈的共鳴時，頓時發現，原來我們並不孤單，這個時刻允許我們流淚，不僅僅是被電影的情節所感動，也是被我們自己所感動。

現代的電影追求華麗的佈景，精彩的動作，但就是缺乏那麼一點點「互動」，電影中的人物跟我們完全沒有什麼關係，他們演他們的，我們看我們的，就像是一瓶飲料，涼爽、刺激、解渴，但完全沒有什麼值得回味的地方，缺乏韻味，這些電影其實缺乏一種語言：共鳴！優秀的電影，總是能夠勾起人們心中深處的共鳴。而共鳴，卻是一種無聲的語言，想要去製造共鳴，我們首先應該去思考共鳴是如何產生的。

人類的邏輯與思維是在自己大腦中的認知世界中完成，而行為卻作用在外界真實的世界之中，兩個世界並不相同。所以很多時候，我們必須做出選擇：究竟是生活在自己想像的世界之中，還是生活在現實的世界之中。想像中的世界雖然很美好，但生活在這個世界之中需要我們放棄的東西太多，因為我們放不下，所以才被困在其中，迫於現實而放棄了自己想像中的世界和生活，默默承受著痛苦。

人們討厭痛苦，渴望得到救贖，但迫於現實，人們根本沒有地方去宣洩這種情感，而電影的出現，給人們製造了情感宣洩的空間。看到主人公能夠衝破一切束縛，朝著自己想像的世界前進，這是無數人的夢想，也成為了人們內心深處的慰藉。

　　製造這種共鳴，其實也很簡單，在電影中建立一個二維世界，一個世界是人們渴望生活的世界，一個世界是外界真實的世界，兩個世界存在巨大的分歧，人們在兩個世界之間不斷的掙扎與抗爭，最終衝破和掙脫了一切束縛，邁向了自己想像之中的生活。共鳴的產生，根本原因在於人類自身的思維方式，邏輯思維的世界與外界真實的世界並不相同，準確把握和塑造這種共鳴，就可以讓電影情節與人們充分「互動」起來。

　　中國電影向深度邁進，就必須掌握和學會「共鳴」這種無聲的語言，通過塑造共鳴來打動和吸引觀眾。雖然電影背景的設定五花八門，異想天開，但產生「共鳴」卻萬變不離其宗，都是源自內心世界與外部世界之間的衝突，由此而引發了無數人的共鳴。但是就目前而言，中國的電影在情節設定上缺乏這種衝突，雖然場景華麗，但劇情發展平淡，流水帳電影層出不窮，或許，中國電影缺乏的並不是資金和技術，而是深入的思考。

第三節　邏輯推理存在的誤區

提到邏輯推理，人們首先想到的是福爾摩斯，他能夠從一些細節推理出人們不曾發現的真相，偵破了諸多棘手的案件。人們的生活也離不開邏輯推理，有時候東西不見了，我們也會客串一回「偵探」，根據各種線索進行推理。但在推理的過程中，經常會出現這樣的場景：新的證據和線索出現之後，推翻了人們之前所有的假設。

之所以存在這種現象，原因在於人類自身的認知缺陷，真實世界存在的事物，如果沒有被人類觀察到，就不會在人類的大腦中形成印象，也不會參與到人類的邏輯推理之中。邏輯推理的過程中，缺乏了必要的資訊，會使人們做出錯誤的推論。

人們在進行邏輯推理時，依照的是自己觀察到的資訊，在這些資訊基礎之上得到的推論也是完全正確的，但這種正確性，只是建立在人類觀察到的資訊基礎之上，如果存在人類沒有觀察到的資訊，邏輯推理所得出的結論就是錯誤的。

邏輯推理的正確性，在於結論是否反映了事情發生時的真實情況。根據特定的資訊得出特定的結論，雖然推論是正確的，但是由於資訊的缺失，結論無法反映事情發生時的真實情況，從而導致了推理結果的錯誤。

邏輯推理的重點，究竟是放在對現有資訊的推理上，還是應該放在尋找那些被人們忽視的資訊呢？如果去翻閱關於邏輯推理的書籍，您會發現：幾乎所有的書籍都將邏輯推理的重點放在了

對資訊的推理上。但是，當我們在閱讀那些邏輯推理的小說時，會發現那些著名的偵探，都十分擅長發現那些被人們忽視的線索，恰恰是這些線索，往往成為案件偵破的關鍵。

每個人都十分堅信，自己的邏輯和推理是絕對正確的，但這種正確性，只是建立在自己觀察到的資訊之上，缺失了部分資訊，導致人們無法正確的還原真相，從而產生了誤解，雖然這在生活和工作中是非常常見的現象，但我們應該盡力去避免這種誤解的發生。

既然被忽視的資訊會導致我們邏輯推理的失誤，那我們在得出結論之前需要增加一個步驟，就是驗證自己的推論，如果我們的推論不正確，那就表明還存在一些被我們忽略掉的資訊。這樣的場景，在偵探類的作品中非常常見，人們根據現有的資訊建立一個假設，然後再去尋找關鍵的資訊來證實這個假設，如果我們在現實的世界之中找到了這個關鍵資訊，那證明我們的假設是正確的，而這個關鍵資訊也是證明嫌疑人有罪的有力證據。如果我們無法找到關鍵資訊，可能我們的假設是錯誤的，就需要重新進行假設和尋找關鍵資訊，很多時候，思路的調整，會帶來關鍵性的突破。

邏輯推理不要只建立在理論之上，理論上的事物在實踐之中並不一定行得通，因為兩者的側重點是不一樣的，理論只有回歸實踐，才能體現其價值。福爾摩斯並沒有學習過邏輯推理，他們之所以能夠如此出色，更多的原因在於他們思考問題的方法上，這才是我們應該學習的地方。

💡 第四節　人類為什麼容易沉迷

　　人類很容易沉迷，沉迷在賭博，遊戲，彩票之中，荒廢了人生大好時光。但是，他們的心智十分健全，不存在任何問題，也不存在任何疾病。究竟是哪裡出現了問題，讓其沉迷其中？世界是唯一的，但由於人們所處的環境不同，觀察世界的角度不同，對同一個問題就會存在不同的看法，臨沂網癮戒治中心的楊永信，因為採用電擊治療沉迷於網路的人，引起了極大的爭議。

　　人類的邏輯和思維是在自己大腦的認知世界中完成，這個世界形成於人類對外界真實世界的觀察，存在於真實世界之中的事物，只有被人類觀察到，才會在人類大腦的認知世界中形成印象，真實世界中存在，但如果沒有被人類觀察到，就不會在人類大腦的認知世界中形成印象，所以，受制於自身感官的侷限，人類大腦中的認知世界始終無法擺脫對外界真實世界的偏見，這兩個世界並不相同。

　　出於商業宣傳的緣故，人們只會宣傳那些對自己有利資訊，這些資訊雖然只是真實世界之中極小的一部分，但卻佔據了人類所接觸資訊的絕大部分，從而在無形之中構築和扭曲了人們大腦中的認知世界。人類的邏輯與思維是在自身大腦的認知世界中完成，雖然這個認知的世界已經被扭曲，但人類卻無法覺察到這一點，誤以為這便是外界真實世界的本來面貌。

　　人類總是認為自己的觀點是絕對正確的，總是在努力說服別人相信自己，但從來沒有人思考過：自己思考問題的方法是否存

在問題，人類只重視思考的結果，但卻忽視了思考的過程。所以，人類之所以容易沉迷，是因為思考問題的方法出現了問題。

人類所有的決策和判斷，都在自己大腦的認知世界中完成，但這個世界只是一個存在於人類大腦之中虛擬世界，人類所有的行為，最終作用在外界的真實世界之中，接受真實世界運行變化規律的檢驗。想像之中的世界雖然美好，但那只是一個虛擬的世界，而我們所面對的，是外界真實的世界。人們之所以沉迷，只是因為活在了自己想像的世界之中。走出沉迷的世界，首先要走出自己想像的世界，去發現外界真實世界的本來面貌。

走出沉迷，其實是一個哲學問題，而哲學並不是那麼的生澀難懂，哲學的用途，是幫助人們正確處理自己大腦中的認知世界和外界真實世界之間的關係，養成正確思考問題的方法，雖然大多數人認為哲學生澀難懂，而且毫無作用，但這只是人們對哲學的偏見。幫助人們走出沉迷，正確的認識世界，只能依靠哲學，這是其他學科所無法勝任的任務。

無論想像的世界多麼完美，那始終是一個虛擬的不真實的世界，生活在這樣的一個世界之中，難道不是自欺欺人嗎？或許人們早就知道，但只是不敢面對現實，只能蜷縮在虛擬的世界之中。所以，只有懦弱的人才會沉迷，而那些堅強的人，則勇於面對現實，坦然承受所有的一切，在現實的世界之中不斷努力，去實現自己的夢想。

💡 第五節　如何控制自己的情緒

　　情緒，猶如沉睡在人們內心深處的猛獸，一旦醒來，便很難駕馭，而且還會被他驅使，做出一些十分不理智的舉動。等這頭猛獸沉睡之後，我們也逐漸冷靜下來，但卻留下一堆爛攤子等待我們去收拾。情緒可以扭曲人類的思想，所以我們需要制服這頭猛獸。兵家有云：知己知彼，百戰不殆，我們需要瞭解情緒本身，才能有效的去制服他。

　　人類的邏輯與思考是在自己大腦的認知世界中完成，這個世界是人類觀察外部真實世界的基準，當外部真實的世界超越我們心中的認識世界時，人們會感到幸福與快樂。當外部真實的世界不及我們心中的認知世界時，人們會感到絕望與痛苦。兩個世界之間的相互作用，促成了人類情緒。那麼，兩個世界之間又存在怎樣的關係呢？

　　人類大腦的認知世界來源於對外部真實世界的觀察，但受到感官的侷限，人類所能觀察到的範圍是有限。所以，人類大腦的認知世界，只是對外界真實世界的局部印象，但這個局部已經是人類邏輯和思維的全部內容。存在於外界真實世界之中的事物，如果沒有被人類觀察到，就不會在人類大腦的認知世界中形成印象，也不會參與到人類的邏輯和思維之中。

　　人類對世界的認知，只是被侷限在自己所能觀察到的範圍之內，被囚禁在了自己所處的環境之中。當人類離開了自己所處的環境時，外界的環境會發生變化，但人類對世界的認知，卻還停

留在之前自己所處的環境之中，人類大腦中的認知世界與外界真實的世界就會產生落差，從而催生出情緒。剛畢業的學生，由相對封閉的象牙塔邁入外界廣闊的社會環境時，雖然環境已經發生了變化，但他們的邏輯和思維還停留在學校的環境之中，兩個世界的脫節，催生出各種各樣的問題，這就是「巨嬰」現象的成因。

當人類大腦的認知世界與外界真實的世界相一致時，人類的情緒會非常的舒適，而當外界真實的世界發生變化時，由於人類大腦的認知世界還未發生變化，兩者的落差導致了痛苦情緒的產生，人們害怕痛苦，渴望得到解脫，所以就會努力去適應外界環境的變化，使兩個世界重新達到一致。所以，人類最痛苦的時刻在於：外界真實世界的環境發生變化，而我們又沒有開始適應的時候。

這讓我想到了《行為經濟學》中的《前景理論》，用最簡單的話語來描述它：當人們炒股的時候，最高興的是時候，是剛剛開始盈利的時候，當盈利持續增加時，盈利給人們帶來的喜悅度越來越低，人們逐漸麻木。當股票開始下跌時，越接近成本，人類的神經越敏感，最痛苦的時候，恰恰是剛剛開始虧損的時候，隨著虧損的增加，虧損給人類帶來的痛苦程度越來越小，人們變得越來越麻木。

雖然不同專業研究的領域不同，但殊途同歸，最終所有的問題都回歸到了人類的思維本身。人類只注重發表自己的觀點，卻從來沒有思考過自己的觀點是從何而來的，更沒有思考過自己的思維方式是否存在問題。

減少情緒波動，減少痛苦，根本的出路在於：快速的適應外部環境的變化，一旦適應了外部的環境，所有的痛苦便會無所遁形。能夠做到這一點，首先去開闊自己的心胸，心胸越大，越能夠適應外部世界的變化，情緒波動也就越小，而心胸越小，則越固執於自己心中的認知世界，從而無法快速適應外部的環境變化，導致情緒出現劇烈波動。

　　由於人類的感官是有限的，所能觀察到世界也是有限的，我們大腦中的認知世界只是外界真實世界的一個局部，但我們卻總是誤以為自己大腦中的認知世界便是外界真實的世界，將兩者混為一談，但其實，這只是人來對外界真實世界的偏見。所以，人類對世界的認知，應該採用一種開放的態度，坦然的接受一切，而不是所有的一切都以自己為準，這樣只會故地自封，猶如井底之蛙。

💡 第六節　人生的蛻變如何實現

走出家庭與校園，開始獨立面對外界真實的世界，是人生必經的階段。人們心中滿懷夢想，渴望在真實的世界之中闖出自己的一番天地，但對於絕大多數人而言，邁入社會之後，等待自己的卻是人生的不斷滑坡，所有的一切不隨己願，沉浸在痛苦之中，與夢想漸行漸遠。在歷經了漫長而又痛苦的歷練之後，人們開始漸漸走出了低谷，人生和事業開始漸漸上升，所有的一切變得順風順水。這是人生真實的寫照，究竟是什麼導致了人生和事業的不斷滑坡，又究竟是什麼，讓人們逐漸開始蒸蒸日上，中間到底經歷了什麼波折，究竟又是什麼促成了人生的蛻變？

人類的邏輯思維是在自己大腦對世界的印象中完成，這個世界形成於人類對外部真實世界的觀察，而人類的成長環境處在一個相對封閉的環境之中，所以，那些剛剛步入社會的青年，大腦中的認知世界被侷限在了自己成長的那個相對封閉的環境之中，但是現在他們所面對的是外界真實的世界，已不再是那個相對封閉的環境了，邏輯思維的世界與外界真實的世界相互脫節。如果我們經常收看《非你莫屬》這檔求職節目，就知道這種現象是多麼的普遍，很多求職者無法正確的認識自己，提出不切實際的觀點和非常高的薪酬要求，甚至還在簡歷上做手腳。這些做法在用人單位看來，是非常幼稚的行為，很難贏得用人單位的青睞。在這些人自己大腦的認知世界裡：自己無比優秀，受到人們的青睞，可以創造無數的價值。但這種情景只存在於自己大腦的認知世界之中，並不存在於真實的世界之中。顯然這些人並沒有認識到這個問題！

只是生活在自己大腦的認知世界之中，無法正視現實世界之中的問題，與真實的世界脫節，但人類所有的行為都要作用在真實的世界之中，接受真實世界運行變化規律的檢驗，邏輯思維的世界與行為作用的世界相互脫節，導致人們在真實的世界面前，無法做出正確的決策，從而使自己不斷遭受挫折與失敗，沉浸在痛苦與徘徊之中，漸漸滑入人生的低谷。

人們害怕痛苦，渴望逃離痛苦，於是人們開始陷入不斷的反思。其實，所有痛苦的根源在於：人們活在了自己大腦的認知世界之中，無法正視外界真實的世界。只要人們想通了這一點，慢慢走出自己大腦中的認知世界，去直面外界真實的世界，痛苦就會漸漸消失。同時，發現了自己在現實世界之中的不足，不斷努力彌補自己的缺陷，並不斷解決現實之中存在的問題，人生漸漸開始走向正軌。

人生的轉折與蛻變，來源於自身思想的轉變，從以自己為中心，漸漸的轉變為以外界真實的世界為準。這種現象猶如「金蟬脫殼」一樣，一改自身面貌，以全新的態度面對世界，由職場「巨嬰」轉變為「巨人」。舜發於畎畝之中，傅說舉於版築之中，膠鬲舉於魚鹽之中，管夷吾舉於士，孫叔敖舉於海，百里奚舉於市。故天將降大任於是人也，必先苦其心志，勞其筋骨，餓其體膚，空乏其身，行拂亂其所為，所以動心忍性，曾益其所不能。從古至今，人們所思考的其實是同一個問題，這其實就是中國傳統文化的底蘊。

第十三章 ── 苦澀的青春

💡 第一節　年輕人面臨的主要問題

　　由於人們生活的環境不同，心中對世界形成的印象也就不同。世界總是處在不斷的發展變化之中，不同時代的人所面臨的是不同的問題，時代的不斷變化，導致不同年代的人之間產生了認知的代溝，雖然有很多長輩在向當代的年輕人訴說自己的情懷，但他們卻無法體會當代年輕人心中的痛。解鈴還須繫鈴人，當代年輕人所面臨的問題，還是需要當代人自己來解決。

　　最近網路上爆發的一些事件，黑龍江遊客廣西被打，南京社會姐在無錫被打，天佑被封殺，以及研究生自殺等等，這些事件其實是當代年輕人的一個縮影，雖然這些事之間並沒有聯繫，但卻反應出了當代年輕人所面臨的一個主要問題：無法處理好自己心中的世界和外部真實世界這兩個世界之間的關係。

　　人類邏輯思維和判斷的基礎是自己心中的世界，但行為卻作用於外部真實的世界，這兩個世界並不是同一個世界，但是人們總是分不清彼此，總是將這兩個世界混淆，誤將自己心中的世界當做是外部真實的世界，從而使自己做出了錯誤的判斷，在真實的世界之中遭遇挫折。所以我感覺，20幾歲的年輕人，雖然已經是成年人，但在心理上還遠未達到成熟的階段，他們無法準確的認識自己和自己所要面對的這個真實的世界，所以才會在生活中不斷的遭受挫折。

　　活在自己心中世界的人們，當面對真實世界的時候，總是避免不了挫折失敗。所以，當人們在面對真實世界的時候往往會面

臨一個艱難的選擇，究竟是生活在自己心中的世界裡，還是選擇生活在真實的世界之中？但是由於人們害怕痛苦，所以就會有很多人會被囚禁在了自己心中的世界裡而不敢前行，宅男由此而誕生，逃避外界真實的世界而選擇生活在自己心中的世界裡。有些人則因為無法承受心中世界與外界真實世界的距離，而選擇踏上了不歸路，留給眾人的只有惋惜。更多的人則是沉溺在現實與夢想之間的痛苦深淵之中無法自拔。

　　成熟的標誌，其實就是爬出了這痛苦的鴻溝。只不過對於這種痛苦，有些人經歷的較早，所以他們成熟的也就較早，經歷的越晚，成熟的也會越晚，我想這就是窮人的孩子早當家的由來。現代的年輕人需要的，其實正是這種哲學的反思，認識自己，認識自己所面對的這個真實的世界，但這個時代的人們恰恰缺乏這種反思，結果在苦海之中苦苦尋覓而找不到方向。

💡 第二節　成長 首先要學會如何面對痛苦

不知道何時開始，自殺新聞見諸報端，除了充滿惋惜之情外，人們更應該開始反思，究竟是哪裡出現了問題，使無數個家庭破碎？或許每一個選擇自殺的人都有其原因，但究竟是什麼原因，讓他連死亡都不會懼怕？或許這樣的選擇對他們而言是一種解脫，但對他們的父母和妻兒而言，卻是無比的殘酷和自私，難道自己心中的痛苦比死亡還要可怕，可以拋棄所有的一切而「慷慨赴死」，又或者他們還沒有學會如何去面對痛苦？如果真的是這樣，那真的是太可惜了，為了避免這種悲劇重演，在傳授知識的同時，一定要教給他們如何去抵禦心中的痛苦。

人類的成長環境是一個相對封閉的環境，只是被侷限在學校和家庭的環境之下，相對封閉的環境，構成了人們大腦對外部世界的印象。等長大成人之後，便走出了這個相對封閉的環境，開始獨自面對外界真實的世界，但是人們大腦對世界的印象卻還是停留在那個相對封閉的環境之中，大腦中想像的世界與外界真實的世界相互脫節，所以才會遭遇：「苦其心志，勞其筋骨，餓其體膚，空乏其身，行拂亂其所為」。

人類的邏輯思考是在自己大腦中的認知世界中完成，而行為卻作用在外界真實的世界之中，兩個世界並不相同，所以人類才會遭遇各種失敗與挫折。但人類在思考時總是以自己大腦中的認知世界作為標準，一旦外界真實的世界不及自己大腦中的認知世界，便會心生痛苦，究竟是自己大腦中的認知世界太美好，還是外界真實的世界太殘酷呢？由於人們並沒有認識到這個問題，所

以只能被囚禁在自己大腦中的認知世界中，沉浸在痛苦之中，無法直視外界真實的世界。當人們無法承受這種痛苦時，就會徹底否定現實，選擇永遠生活在自己想像的世界之中。所以，選擇自殺的人，以為自己想開了，心中沒有任何痛苦，但其實恰恰是因為沒想開，被囚禁在自己大腦中的認知世界之中而無法走出來。

外部真實的世界是唯一的，所有人都生活在同一個世界之下，有些人感到痛苦，有些人感到幸福，問題的根源並不在與外部的世界，而在於人們的心中。當人們大腦中的認知世界超越了現實，人們會感覺現實殘酷，而當人們大腦中的認知世界不及外界真實的世界時，人們就會感到幸福。所以，克服自己心中的痛苦，根源並不是外在，而在於自己的心中，現實本來就是這樣，人們改變不了現實，只能夠改變自己。

痛苦本身並不可怕，可怕的是人們不知道應該如何去面對它，結果在痛苦面前做出了錯誤的選擇，人類所有的夢想終究要在現實的世界中實現，所以需要遵循現實世界運行變化的規律，只是沉浸在自己大腦的認知世界中，不但沉浸在痛苦之中，而且還無法認清外界真實世界的本來面目，只有克服了自己內心的痛苦，才能「動心忍性，曾益其所不能」。

💡 第三節　巨嬰現象的解讀

　　巨嬰現象已經成為現代社會較為普遍的現象，主要表現為自身的心理年齡要遠遠落後於生理年齡，假如只是一個孩子，我們或許還可以容忍，但如果是一個成年人，卻有著孩子般的任性，執拗和叛逆時，就會引發很多人的不適，究竟是什麼原因造成了這種現象，對我們又有怎樣的警示呢？

　　人類的思考，是在自己大腦中的認知世界中完成，而行為則作用在真實的世界之中。人類大腦的認知世界，來源於自身感官對於外部世界的觀察，而外部真實的世界，發展演化遵循世界運行變化的規律，與人類的意志無關，這是人類所要面對的兩個世界。人類成長過程，是一個相對封閉的環境，人類所有的感官和認知都被侷限在了這個相對封閉的環境之內，這個環境構建了人類大腦中的認知世界。當孩子們長大成人，開始走出家庭和學校，需要獨立面對世界的時候，外部的環境已經發生了變化，但是人類大腦中的認知世界，卻依然停留在了那個相對封閉的成長環境之中。所以，巨嬰現象往往集中在那些剛剛步入社會的年輕人身上，他們對世界的認知還停留在家庭環境之中，雖然他們所面對的是外部的真實世界。巨嬰現象，是人們還未適應外部環境變化的表現，大腦中的認知世界與外部的真實世界相互脫節，從而使自己做出了錯誤的決策，並且不斷的遭受失敗和痛苦的折磨，所以，巨嬰現象也是一種正常的現象，只是人生的一個階段而已。而且這種現象不僅僅存在於現代，鑒於人類的認知特點，任何時代都會存在這種現象。

從走出自己成長過程中的那個相對封閉的環境，到慢慢適應外部真實的世界，這是一個痛苦而又漫長的過程。但是在這個適應的過程中，大腦中的認知世界與外界真實的世界差距越大，在適應的過程中就需要承受更多的挫折與痛苦，這是每個人都無法逃過的歷練。作為父母，每個人都不希望自己的子女去承擔這樣的痛苦，但這種痛苦卻又是不得不面對的過程，如何才能減緩孩子在適應外部世界過程中的痛苦呢？痛苦的產生，源於自己大腦中的認識世界與外部真實世界之間的距離，這種距離越大，產生的痛苦也就越深刻，努力去縮小這種距離，產生的痛苦也就越小。這就需要父母在教育孩子的時候，儘量去還原外部真實世界的樣子。但外部的世界又是怎樣的呢？道德，其實是古人對外界真實世界運行變化規律的總結，同時也是教育孩子的良好工具，以道德為標準對孩子進行適當的懲罰與鼓勵，可以幫助孩子在大腦中建立正確的認知世界。相反，過分的溺愛和袒護孩子，反而在孩子的大腦中建立了一個錯誤的認知世界，由於人類的思考是在自己大腦中的認識世界中完成，錯誤的認知世界，也就導致了孩子錯誤的行為。

在孩子的獨立意識形成之前，人們是可以對孩子的行為和思想進行干預的，一旦孩子的獨立意識形成，就會以自己大腦中的認知世界作為邏輯和判斷的基礎，父母就無法干預孩子的行為和思想了，對於那些問題少年，雖然父母極力挽救，但是由於其獨立的意識已經成型，再去挽救已經錯過了最佳時機。但孩子出現問題是因為在成長的過程中，大腦對世界的印象未形成正確的認識，這一點與家庭環境是有直接關係的。所以孩子的教育過程中，家庭環境起著相當重要的作用。

巨嬰現象的存在，其實也不用大驚小怪，隨著時間流逝，巨嬰也會在社會的磨礪之中不斷成長，但是，磨礪的過程艱辛而又痛苦，如果希望自己的孩子少承受一點這樣的痛苦，我們需要的是更多一點的思考。

💡 第四節　命運的宿敵

　　身邊總是有些朋友，總在不停的抱怨，抱怨自己命運不濟，抱怨自己被別人看不起等等，認為這個世界對自己不公平，並時常因此而黯然傷神。但是，抱怨並沒有改變這些人的現狀，他們依然停留在自己為之抱怨的世界之中，難道這就是所謂的宿命？在命運面前，難道人類真的就束手無策嗎？

　　人類的邏輯和思維是在自己大腦的認知世界中完成，而行為則作用在外界真實的世界之中，這兩個世界並不相同，但人們卻總是將其混為一談，誤以為自己大腦中的認知世界便是外面真實的世界。那些總是喜歡抱怨的朋友，在他們大腦中的認知世界裡，自己才華橫溢，受人尊重，但在現實的世界之中，卻沒有人賞識自己的才華，也沒有人尊重自己。顯然，他們認為自己大腦中的認知世界才應該是真實世界的樣子，所以便否定了外界真實的世界，活在了自己大腦的認知世界之中，認為所有的一切都源於蒼

天的不公，命運的不濟。

　　所有的夢想，終究要在現實的世界之中完成，只是蜷縮在自己大腦的認知世界之中，無法改變任何事情，所以只能夠任憑命運擺佈而無能為力。想要改變自己的命運，首先就需要走出自己大腦中的認知世界，去勇敢面對外界真實的世界。不被別人重視和尊重，其實並不可怕，依靠自己不懈的努力，終究會得到人們的認可和尊重。但是，只是蜷縮在自己大腦的認知世界之中，以為自己會得到別人的尊重和認可而無視自己的現狀，拿什麼去改變命運。敢於面對現狀的人是勇敢的人，因為他們可以直視自己大腦認知世界與外界真實世界之間的落差，並且敢於面對這種痛苦。而那些害怕現狀，害怕承受痛苦的人，只能蜷縮在自己大腦的認知世界之中而不敢去面對現實，懦弱到無力去改變現狀。

　　生活的強者，敢於走出自己大腦中的認知世界，直視外界真實的世界，能夠看清楚現實與夢想之間的距離，為了不斷縮小兩者之間的距離，人們選擇了不懈的努力，並逐漸的改變了自己的現狀，從而改變了命運。那麼，命運的敵人究竟是自己，還是外部這個世界呢？在同樣的世界之下，有些人成功的改變了自己的命運，而有些人卻無力改變自己的現狀，所有問題的答案，其實就在每個人的心中。

　　每一個選擇不懈努力的人，都是在努力縮小自己大腦中認知世界與外界真實世界之間的距離，雖然這兩個世界之間的距離鑄就了人們心中的痛苦，但這種痛苦正是人們發憤圖強的動力來源。而那些選擇逃避的人，因為害怕痛苦，所以無法直視現實世界與自己大腦認知世界之間的距離，心中自然也不會存在痛苦，

所以也就喪失了前進的動力，成為了命運洪流之中的片葉，隨波逐流。夢中的世界雖然美好，但終究不是現實，人生就那麼幾十年，渾渾噩噩中就那麼過去了，豈不是太可惜？

💡 第五節　夢想與現實之間的關係

夢想之中的世界，存在於人類大腦的認知世界之中，每當沉浸在夢想之中時，人們會沉浸在莫名的幸福之中。但每當人們睜開雙眼，卻又回到了現實之中，夢想與現實的差距，是每個人不得不面對的話題。究竟是應該活在夢想的世界之中，還是應該生活在現實的世界之中呢？對於這個問題，每個人的心中都有著不同的答案。這裡，我們將作為一個旁觀者，去觀察人們的內心世界，尋求問題的答案。

有一檔電視節目《尋情記》，向人們展示了這樣的一個故事，2002 年的高考狀元，曾以 654 分的成績登上新聞而名聲大噪，但是大學畢業之後卻蝸居在家中九年，不肯工作，也不找女朋友，這可愁壞了年過半百的父母，從而求助電視節目。

類似的情景還有曾經四川涼山縣的高考狀元，考入中國科技大學，畢業之後找了幾個工作都不理想，就放棄了，並且聲稱「如

果找不到喜歡的工作，寧願不工作」，所以開始流浪，成為了一名「流浪漢」。

雖然選取的案例是狀元，但這種案例並不只是發生在狀元身上，只不過是因為狀元比較有新聞價值，各大媒體才爭相報導而已。所以我們看到的只是冰山一角，存在這種問題的人群其實是非常龐大的，只是狀元比較有代表性而已。存在這些問題的人群，心智都十分健全，也沒有任何疾病，但為什麼他們會陷入這種狀態呢？

由於學習成績好，被家人視為希望，給予全力的支持，努力滿足其所有要求。由於學習成績好，被老師喜歡，稱讚，被同學羨慕，尊敬。這樣的環境，構築了人們心中的認知世界。但當大學畢業，步入社會，在真實的世界面前，自己只是普普通通的一個人，沒有人在乎自己，也沒有人尊重自己。心中認知世界與真實世界之間的落差太大，痛苦積聚在心中，難以釋懷。由於害怕痛苦，所以只能蜷縮在自己心中的認知世界裡，而不敢去面對真實的世界。

人類成長的環境，是相對封閉的家庭和學校，在這樣的環境之內，人類形成了自己對世界的認知，但這種認識只是建立在相對封閉的環境之下，並不是外界真實世界的本來面貌，但人類的邏輯思維卻是在自己的認知世界之中進行。所以，當人們長大成人，走出那個相對封閉的成長環境時，外部的環境其實已經發生了非常大的變化，但人們的認知世界還停留在那個相對封閉的環境之中。認知的世界與外界真實世界的環境發生了巨大的脫節，從而使人們陷入了痛苦之中。夢想中的世界，正是建立在自己的

認知世界之中，但這個認知世界只是建立在自己相對封閉的成長環境之中。

我們應該面對的，究竟是想像中的自己，還是現實中的自己呢？或許只是因為想像中的自己太美好，所以才不敢去面對真實中的自己。但是，想像中的自己，只是存在於那個相對封閉的環境之中，而我們所面對的是外面真實的世界，無法走出那個相對封閉的環境，自己就永遠無法長大，這與年齡沒有關係。所謂的長大，只是因為自己走出了那個相對封閉的環境，勇敢的去面對外界真實的世界。「故天將降大任於斯人也，必先苦其心志，勞其筋骨，餓其體膚，空乏其身，行拂亂其所為，所以動心忍性，曾益其所不能」，夢想中的世界與現實中的世界相互脫節，給人們帶來了無盡的痛苦，但正是因為痛苦，人們才開始去反思，從而漸漸的走出自己心中的認知世界，逐漸發現了外界真實世界的本來面貌，並逐漸適應了這個世界。

夢想，終究要在現實之中實現，而實現夢想的基礎，就是要正確的認識自己，不要蜷縮在自己的想像之中，因為那並不是真實世界之中的自己。只有找到了現實之中的自己，才會找到實現自己夢想的起跑線，腳踏實地的一步一步去實現自己的夢想。無法正確的認識自己，只是蜷縮在自己編織的虛擬世界之中，渾渾噩噩的度過自己的一生，這難道就是我們想要的生活嗎？不要讓夢想誤導了自己！

💡 第六節　性格缺陷的成因及克服方法

　　人世間最難瞭解的人，莫過於自己。在我們進行思考和決策的時候，有一種事物時時刻刻地影響著我們，而我們卻很難察覺。雖然無法察覺，但這種事物卻真實的存在並影響著我們，使我們的行為呈現出固定的特徵，而且這種行為特徵會伴隨我們的一生，這就是人類性格的魔力。「江山易改，本性難移」，當我們回顧歷史的時候，很多人的失敗都是源於自己的性格，既然人類無法改變自己的性格，那麼這種失敗就是註定，是否這就是所謂的命中註定呢？為什麼會出現這樣的情況？又應該如何解釋這種現象？

　　人類的邏輯思維是在自己大腦的認知世界之中完成，這個世界形成於人類對外部真實世界的觀察，但受制於人類感官的侷限，人類所能觀察到的世界，其實只是外界真實世界的一小部分，但這一小部分卻已經成為了人類大腦中認知世界的全部，人類所有的邏輯和思維都被侷限其中。

　　人類的成長環境是一個相對封閉的環境，在成長過程中，成長的環境構建了人類大腦中的認知世界，當人類的獨立意識形成，人們會以自己大腦中的認知世界為標準，去評價和判斷外界真實的世界。當長大成人，走出了這個相對封閉的環境，雖然自己所面對的環境處在不斷的變化之中，但人類的記憶不會消失，人類的邏輯和思維還是停留在自己的成長環境之中，不斷的影響著人們的決策。所以，每個人的性格所反映的，其實是這個人的成長環境。

曹操性格多疑，袁紹性格自負，關羽性格狂傲，這些性格形成於他們的成長環境，但卻影響著他們的一生，為他們今後的人生埋下了伏筆，自己無法選擇的前半生，卻決定了自己可以選擇的後半生，難道這就是命運？

人類的邏輯和思維在自己大腦的認知世界中完成，而行為卻作用在外界真實的世界之中，這兩個世界並不相同，但人類卻往往忽視這個問題，誤將自己大腦中的認知世界當做外界真實的世界。曹操刺殺董卓失敗後，被迫逃亡，途中遇到故人呂伯奢，呂伯奢熱情款待，但曹操聽到磨刀聲，認為呂伯奢要出賣自己，遂殺了呂伯奢全家。雖然在真實的世界之中，呂伯奢並沒有謀害曹操的意思，但在曹操大腦的認知世界中，呂伯奢要謀害自己，於是便犯下了大錯。

性格所導致的失敗，是因為人類邏輯思維的世界與行為作用的世界相互脫節而造成的，為了避免這種失敗，我們必須努力走出自己大腦中的認知世界，去發現和適應外界真實的世界。自卑、自負、多疑、愛慕虛榮等等這些性格特點，都來源於我們的成長環境，但我們早已長大成人，離開了那個環境，但我們在思考問題的時候，卻依然沉浸在那個環境之中，從而使我們總是做出類似的選擇，表現出固定的行為特徵。

外界真實的世界是什麼樣子的？這就需要我們不斷的進行思考和研究，至於如何去思考和研究，就是另一個層面的問題了。走出自己大腦中的認知世界，在中國的傳統文化中可以找到蛛絲馬跡，佛家思想，追求「空」的境界，道家思想追求「無」的境界，兩者想要表達的含義其實很相近，都是在告訴人們，我們所有的

思考都是建立在我們大腦中的認知世界之中，但這個認知世界是虛擬的，不真實的，只有忘記和走出這個世界，我們才能發現外界真實世界的本來面貌，才具備與命運抗爭的資格。

💡 第七節　如何調節自身的精神壓力

　　精神壓力是人們在生活中經常需要面對的問題，適當的精神壓力可以催促人們前進，而過大的精神壓力則會導致人類的思想出現問題。但是，面對精神壓力，人們總是被動的應對，而無法主動的調節，因為精神壓力過大而做出錯誤選擇的案例並不少見。我們將深入剖析精神壓力形成的原因，並找到應對的策略。

　　人類的邏輯和思維是在自己大腦中的認知世界中完成，而行為卻作用在外界真實的世界之中，這兩個世界並不相同。但是，人類渴望真實世界中的自己與大腦認知世界中的自己相一致，於是人們總是把現實中的自己塑造成自己想像中的樣子。如果現實中的自己不及想像中的自己，人們的心中就會產生痛苦，為了逃避這種痛苦，人們會去努力改變現實中的自己，這其實是激將法的作用原理。「能而示之不能」、「用而示之不用」，努力製造現實世界與人們想像中世界的距離，使其心中產生痛苦，人們為了克服這種痛苦，從而做出預期的選擇。

激將法在人們的心中製造了適當的心理壓力，催促人們前進。所以，心理壓力的本質，是現實世界與人類想像世界之間的距離所造成的痛苦。在軍隊思想建設的過程中，十分注重榮譽感的培養，這種榮譽感其實就是在塑造人們心中的認知世界，當這種榮譽感在人們的心中成型之後，真實世界如果不及人們心中的認知世界，心中就會產生痛苦，為了擺脫痛苦從而不斷的努力，來維護自己的榮譽感，在這個層面而言，精神壓力對人類是有益的，可以幫助人們做出正確的選擇。

如果一個人沒有精神壓力，那也是一件非常可怕的事情，因為沒有在大腦的認知世界中構建出一個「標竿」世界，現實世界與其心中的認知世界就不會存在任何距離，也不會產生任何的痛苦，雖然在精神上，這是一個完美的世界，不存在任何的痛苦，安於現狀，但卻完全喪失了前進的動力。這種狀況會讓很多人抓狂，但抓狂又有什麼用呢？

精神壓力越大，說明人們大腦中的認知世界與外界真實世界的距離也就越大，在現實面前，人們所有美好的想像都趨於崩潰，陷入了無盡的痛苦之中而無法自拔，陷入了絕望。這與激將法所面對的局面完全不同，外界真實的世界與人們想像中的認知世界完全背道而馳，而且現狀難以改變。既然現實無法改變，緩解精神壓力的辦法只有去改變人們心中的認知世界，因為留戀自己心中的夢想，但又無法面對現實，兩者的距離將自己置於痛苦的深淵，為什麼不去嘗試放棄這個夢想呢？

條條大道通羅馬，人生成功的道路千萬條，有時候放棄夢想對人們而言並非是件壞事，因為放棄之後，我們又獲得了重新選

擇的能力，這條路行不通，我們換一條路，換一個夢想，人生總是在不斷的嘗試，為什麼非要在一棵樹上吊死呢？

精神壓力過大，追根究底還是人們思維的方法出現了問題，完全沉浸在自己想像的世界之中無法自拔，既然我們想像中的世界無法在現實中實現，為什麼我們不能選擇放棄，暫時忘記這個世界，當自己平靜下來，坦然接受一切之後，再重新塑造一個想像中的世界。我想，這一切的原因都在於：人們還不知道，自己想像的世界，其實只是一個虛構的世界！只有通過調整自己心中的認識世界，才能調節自己的精神壓力，想通了，一切都不是問題，想不通，所有的一切都是問題，有時候，真的需要學會放棄，行不去處，須知退一步之法。

💡 第八節　人類心中的城府究竟為何物

三國時期的司馬懿有狼顧之相，令曹操十分忌憚，之所以忌憚，並不是因為其相貌，而是因為其內心極深的城府，心中充滿謀略，思想深邃，而且不願吐露。有所成就的人，內心也往往具有較深的城府，但城府究竟是何物呢？難道是成功所必備的氣質？

人類的邏輯和思考是在自己的認知世界之中完成，但決策和行為則作用在外界真實的世界之中。雖然感官無法觀察到人類大腦中的認知世界，但卻可以通過人類的行為和決策，推測和瞭解人類大腦中認識世界的樣子。城府淺，大腦中認識世界的樣子會迅速的通過行為和決策表現出來，通過人類外在的行為表現，人們便可以迅速瞭解其心中認識世界的樣子。城府深，喜怒不形於色，無法通過行為觀察和推測其心中認識世界的樣子，更不知道其觀點和態度，猶如黑洞一般。所以，表面看來，城府淺的人反應迅速敏捷，而城府深的人則反應遲鈍，情緒波動十分不明顯。但究竟是什麼原因，導致了人們心中城府的深淺不同呢？

2017 年 8 月 25 日，颱風「天鴿」過境澳門，街道積水，有人在樓上看到一個人在積水的街道上「練習蝶泳」，錄下視頻並放到了網路上，很多網友都嘲笑這個人是神經病，但隨著另一段視頻的流出，人們發現，這位「練習蝶泳」的人，其實是在拼盡全力救人，之前嘲笑他的網友紛紛在網路上留言道歉。

人類的感官是有限的，無法觀察到世界的全貌，只能觀察到世界的局部，由此便形成了對世界的偏見。但人類無法察覺到這種偏見的存在，誤以為自己觀察到的便是外界真實世界的全貌，從而被自己所誤導。所以，城府淺的人雖然反應迅速，但由於沒有察覺到自身感官的侷限會誤導自己，所以往往會被一些表像所迷惑，大腦中的認知世界對外部真實的世界產生了偏見，從而造成了決策和判斷的失誤。為了避免這種現象的產生，我們就需要這樣一個過程：去糾正由自身感官侷限所造成的偏見，這個過程其實是一個不斷思辨的過程。城府深的人，比城府淺的人增加了

一個思辨的過程。

　　城府淺的人，大腦得到資訊之後，會迅速進行決策，而城府深的人，大腦得到資訊之後，首先進行的是一個思辨過程，不斷的驗證和對比，努力還原資訊的本來面貌，當這個過程完成之後，才是決策和判斷。所以，城府深的人往往會表現的比較遲鈍，因為他們在花費時間和精力在大腦中反覆對比和驗證那些得到的資訊。所以，城府這種事物與哲學有一定的淵源，因為哲學本身也是一個不斷反思和思辨的過程。

　　但是，在中國的文化氛圍內，人們思想的交流，各種古籍經書所記載的，只是人們思考的結果和觀點，並沒有記錄思考的過程，而城府本身就是一個思考的過程，所以，城府這種事物雖然被人們經常提及，但人們很難描述這種事物究竟為何物，人們更不知道它是如何作用和影響人類行為的。人類的邏輯和思考，是在自己大腦的認知世界中完成，而行為卻作用在真實的世界之中，這兩個世界並不相同，然而人們卻總是將兩個世界混為一談，誤以為自己大腦中的認知世界便是外界真實的世界，這是人類所有錯誤的根源。為了避免這種錯誤，我們必須不斷去糾正自己大腦中認知世界對外部世界的偏見，而這個過程，其實就是一個思辨的過程，也就是我們所說的城府，在這層含義上，城府與哲學其實是同一個事物，所以，中國古代並不缺乏哲學家。

💡 第九節　哀莫大於心死 始於看透了一切之後

　　人類，共同生活在同一個世界之下，但由於每個人生活在不同的環境之下，觀察到了世界不同局部。同樣的世界，在不同的人類大腦中形成了彼此不同的印象。人類的邏輯與思考，只是在自己大腦對世界的印象中完成，而行為卻在外界真實的世界中完成，但這兩個世界並不相同。

　　當外界真實的世界超越自己大腦對世界的印象時，人們會感到幸福和快樂，而當外界真實的世界不及自己大腦對世界的印象時，人們會感到失落和痛苦。但問題是，外界真實的世界，只是按照自身運行變化的規律發展演化，一味的突兀奔流而與人類的意志無關。人們情緒的反覆變化，究竟是外部的世界在變，還是我們自己大腦對世界的印象在變？

　　情人眼裡出西施，我們總是認為自己喜歡的事物是最好的，但這種美好只是存在於人們大腦對世界的印象裡，真實的世界只是按照自身的規律運行變化。失望，只是因為人們大腦對世界的想像太美好，而現實卻並沒有發生變化。那我們，究竟是活在自己想像的世界之中，還是活在現實的世界之中？

　　想像超越了現實，是人類痛苦的根源。當人們看透了這一切，逐漸接受了現實，放棄了想像，心情反而平復了很多，痛苦也消失的無影無蹤。莫大於心死，其實就是放棄的對他所有的想像，回歸現實中，這是一件好事，還是一件壞事呢？

　　因為陌生而走到了一起，因為熟悉而選擇分開，或許這就是

人性本身。最完美的愛情，永遠總是存在於朦朧之間，在彼此的心中留有最完美的想像。雖然人們渴望完美的愛情，但可惜，完美的愛情是無法持續的，只是因為想像的太美好，當回歸現實時，所有的一切都會變得暗淡無光。

愛情只是一種感覺，而婚姻則是一種責任。完美的愛情存在於想像之中，而完美的婚姻則存在於現實之中，由愛情踏入婚姻，需要從想像的世界之中回歸到現實的世界之中來，婚姻不和諧，只是因為還停留在自己想像的世界之中而無法面對現實，追求完美的愛情，並不會得到完美的婚姻，現實就是那麼殘酷。

婚姻是愛情的墳墓，只有步入了墳墓，葬送自己的愛情，才能獲得完美的婚姻，或許這是每一個即將步入婚姻殿堂的人需要思考的問題。或許就是因為人們在結婚之前沒有仔細思考這個問題，才導致婚姻的不和諧。

最完美的生活，就是生活在自己想像的世界之中，但我們想像的世界只是存在於自己大腦想像的世界之中，而我們所要面對的生活，卻是外界真實的世界之中。只是無法走出自己的想像，所以才被囚禁在了痛苦之中。真正幸福的生活，不是豪車洋房，也不是功成名就，而是接受現實，活在現實的世界之中。

或許，把一切看得太透徹並不是一件好事，因為看透一切之後，便無法沉浸在自己夢想編織的完美世界之中而為之瘋狂。但是，瘋狂之後，依然需要面對外界真實的世界，從夢想的世界之中回歸現實世界，需要人們承受各種痛苦的考驗。只有想通了這一切，男孩才能真正成長為男人。痛苦，是從年少輕狂到老成持

重必經的歷練，雖然哀莫大於心死，喪失了自己心中所有的想像，但在現實世界之中，自己卻在馬不停蹄的向夢想進發！

💡 第十節　不要讓殘酷的現實磨滅了夢想

　　人類渴望生活在自己夢想的世界之中，但卻又不得不面對現實世界存在的各種問題，需要穩定的收入來維持自己的各種開支。當人們選擇追求自己夢想時，最現實的問題就是：夢想能否支撐起自己的現實生活？如果夢想無法支撐起我們的生活，究竟是選擇夢想，還是選擇向現實妥協？不同的人給了我們不同的答案。

　　歷史上多數的藝術家和思想家，往往非常貧窮，梵谷一生創作了 2100 幅作品，有 860 幅油畫，儘管其作品優秀，但最終從來沒有賣出去，直至去世，生活十分貧困。但如今，梵谷已經成為藝術的代名詞，其作品更是天價。梵谷將自己的全部精力投入到了創作之中，完全沉浸在夢想的世界中，忽視了真實的世界，所以在大多數人眼中，藝術家就是瘋子。

　　我們無法成為藝術家，因為我們有很多東西放不下，無法脫離真實的世界，很多精力需要用來維持我們的生活。但很多人並

不這麼認為，他們認為夢想會為自己帶來收入，維繫自己的生活，羅永浩的錘子科技，向人們展示了他夢想中的世界。但人們畢竟生活在現實的世界之中，錘子手機的情懷，最終被競爭對手的低價策略徹底拖垮，市場是殘酷的，情懷並不能當飯吃。

現實之中的我們，既不想完全墜入世俗，放棄了自己的夢想，也不想脫離現實，完全沉浸在自己的精神世界之中，那我們應該如何選擇呢？答案其實也很簡單，將自己的夢想放在業餘時間完成，所有的問題便迎刃而解，因為不存在收入壓力，所以夢想也就不需要向現實妥協，我們可以完全沉浸在自己的世界之中，按照自己的意願精雕細琢，完全不需要考慮外界真實的世界。當自己的實力足以支撐起夢想時，我們才可以全身心的投入夢想之中，但在此之前，最佳的選擇是：將生活的重擔放在工作時間，將夢想與未來放在業餘時間。

自媒體行業的興起，讓很多人看到了希望，辭掉工作專職做自媒體，從事自媒體的人也越來越多，自媒體的內容輸出也越來越多，但受眾的規模畢竟是有限的，種種跡象表明，自媒體行業已經進入了殘酷的競爭和淘汰階段。物競天擇，適者生存，最後的成功者，並不是因為他戰勝了對手，而是因為他在殘酷的競爭環境中生存了下來。

人們需要穩定的收入來維持自身各種各樣的開支，對於專職從事自媒體的人，迫於收入壓力，為了獲得更多的收益和平臺更多的推薦，創作者只能更加注重抓住人們的眼球，但越是抓眼球的事物，越容易引發別人的模仿，於是就導致大量同質化的作品共同爭搶有限的視窗，競爭激烈，為了在殘酷的環境之中生存，

每個人也是絞盡了腦汁。可惜連飯都吃不飽的人，為了吃飽飯而疲於奔命，又怎麼會有心情去考慮未來與夢想？

因為所有的一切都是在業餘完成，生活收入來源於別處，所以不會承受任何壓力。無論自媒體的競爭有多麼的激烈，只是醉心於精心雕琢自己的作品，力求將自己最完美的作品呈現出來，不受外界環境的影響。寵辱不驚，看庭前花開花落；去留無意，望天空雲卷雲舒。您又是否有這樣的心境呢？挑水喝，方便快速，挖井費時費力，而且短期還見不到成果。不過，不同的選擇，所關注的是不一樣的，挑水關注的是當下收入，而挖井更關注的是積累，辛苦挖井十數載，而出水卻只在一朝。

第十四章 ── 思想的視角

💡 第一節　商品價格變化的規律

　　中國內地 70 年代的結婚三大件：自行車、手錶、縫紉機、擁有這些物品，會被人們羨慕。隨著時間的流逝，電視，汽車，手機，電腦，空調等等，這些曾經遙不可及的「奢侈品」漸漸進入了尋常百姓家。每一件物品，在剛問世的時候，價格總是極其的昂貴，只有少數人能夠消費得起，隨著時間的推移，這些商品都成為了普通消費品。還記得上世紀 90 年代末，電視機生產逐漸由供不應求過渡到了供應過剩，生產廠商之間展開了慘烈且曠日持久的價格戰，「不降價是等死，降價是找死」這句話，不時縈繞在耳邊，在慘烈的價格戰中，絕大多數的企業沒能熬過去，只有少數幾家企業艱難的生存了下來。改革開放 40 年來，中國從物質匱乏過渡到了物質豐富甚至過剩，市場環境發生了翻天覆地的變化，商品價格起伏跌宕，看似無形的市場，卻暗藏殺機，無數人折戟商海。

　　當商品短缺，供應不足時，由於需求旺盛，生產和銷售方佔據主動權且利潤豐厚，為了獲取更大的利潤，生產方選擇擴建生產線，增大產量，以佔據更大的市場。生產線的建設，從設計規劃到施工安裝調試完成，再到投入生產，需要相當長的時間，存在一個時間差，由此便產生了一個問題：企業在進行生產線建設規劃時，是基於當時的環境而做出的決策，但是，每一家生產企業都做出了同樣的決策。當經過漫長的建設週期，生產線逐漸投入生產之後，人們卻面臨一個尷尬的處境：外界的環境發生了變化，產量過剩，產品滯銷。為了回收建造生產線投入的巨大成本，企業不得不採取降價銷售的策略，刺激銷量，產品價格開始不斷

下降。

　　在商品短缺的時候，需求旺盛，但供應不足，銷售方採取囤積商品的策略，等待價格上漲，以獲得巨大的收益，此時的商品是具備投資價值的。一旦商品的生產出現過剩，產品滯銷，只能通過降價來促進銷量，此時的商品就喪失了投資價值。商品本身並沒有發生變化，但外界的環境卻發生了變化。當商品具備投資價值的時候，資本趨之若鶩，爭相進入這個市場，但當商品喪失了投資價值的時候，資本又怎能全身而退呢？於是，金融危機爆發了！

　　16 世紀，荷蘭經歷了鬱金香的暴漲與暴跌，20 世紀初期，美國經歷了股市的暴漲與暴跌，改革開放之後，以煤炭為代表的原材料，股市、大蒜、比特幣、硬碟、記憶體、礦機等等，都經歷了暴漲與暴跌。每一次暴漲都創造了無數的財富，而每一次暴跌又使得無數財富化為了烏有。浪潮過後，這些商品才開始漸漸融入了我們的生活，人們都說：生活要有一種儀式感，是不是這些商品在打算進入人們的日常生活時，都要舉行這麼一場儀式呢？

　　人們看到的世界，永遠只是局部，世界還是原來的世界，只是觀察世界的角度變了而已。當人們夢想著一夜暴富之時，外界真實世界的環境卻在悄悄發生變化，而人們卻還沉浸在自己的夢想之中，夢想脫離了現實，留給人們的只有痛苦，這是人們懼怕金融危機的原因所在，但金融危機本身，如同大海一般潮漲潮落，沒有任何感情和思想，人們所畏懼的，究竟是自己，還是這個世界？

💡 第二節　解析索羅斯的思想

　　金融大鱷索羅斯在 20 世紀金融市場中叱吒風雲，狙擊英鎊，攪動東南亞，甚至被一些國家視為重要的威脅和敵人，成為傳奇人物。在中國的文化氛圍中，凡是傳奇人物都會留下曠世奇書，並成為眾人爭奪的對象，郭靖在得到岳飛的《武穆遺書》之後，用兵如神，數次打敗金兵和蒙古人，當然，這些情節只存在於小說之中。回到現實中來，《金融煉金術》是索羅斯一本非常重要的著作，書中闡述了索羅斯的思想內涵，可能很多人認為這本書會隱藏著蓋世真理，但這本書所講述的卻是生澀難懂的哲學。雖然有很多人認為哲學沒有實際應用價值，但不可否認的是，世界上的傑出人物幾乎都擁有非常深邃的哲學造詣。哲學究竟擁有怎樣的實用價值，相信在解析索羅斯思想的時候，人們也會找到這個問題的答案。

　　人類的邏輯和思考是在自己大腦的認知世界中完成，在做出決策和判斷之前，會在大腦的認知世界中經歷一個不斷演繹和反思的過程。如果把決策和判斷看作是一道分水嶺，哲學研究和作用的範圍是：人們做出決策和判斷之前，大腦認知世界中的演繹和反思的過程。人們往往把自己絕大部分的精力用於說服別人相信自己的觀點，很少有人花費精力去反思自己大腦認知世界中的演繹和反思過程是否合理和正確，而這恰恰是哲學所研究的問題。

　　人們在分析市場未來變化趨勢的時候，使用的理論工具多種多樣，有代表性的有《技術分析理論》、《價值投資理論》、《經

濟週期理論》、《邊際效用理論》，還有相對複雜的數學建模等等，這些理論的共同特點在於：試圖建立一個模型來類比市場的發展與變化，但問題是：這些理論能夠準確的模擬真實世界中市場的發展與變化嗎？可惜人們似乎從來沒有思考過這個問題。

沒有思考過這個問題，並不代表這個問題並不存在！人們的學習過程，是在一個相對封閉的環境之下完成的，在這個環境之中，所有的人都認為自己信仰的理論絕對正確，並且否認與自己相左的所有觀點，這種現象就像是巴菲特的助手，查理芒格說過的那句話：手中擁有一把錘子的人，所有的問題在他的眼中就是一個釘子，人們誤把自己大腦中的認知世界當做是外界真實的世界，但這兩個世界並不相同。所以，人們在思考問題的時候，需要增加一個非常重要的過程：驗證自己大腦中的認知世界是否與外界真實的世界相同。

為什麼人類大腦中的認知世界與外界真實的世界並不相同呢？2017 年 8 月 25 日，颱風「天鴿」過境澳門，街道積水，有人在樓上看到一個人在積水的街道上「練習蝶泳」，錄下視頻並放到了網路上，很多網友都嘲笑這個人是神經病，但隨著另一段視頻的流出，人們發現，這位「練習蝶泳」的人，其實是在拼盡全力救人，之前嘲笑他的網友紛紛在網路上留言道歉。真實世界之中存在的事物，如果沒有被人們觀察到，就不會在人們的心中世界裡形成印象，也就不會參與到人類的邏輯思維和判斷之中，人們誤解「蝶泳英雄」，只是因為人們沒有觀察到「蝶泳英雄」救人。人類自身的認知缺陷，註定了兩個世界的彼此不同，雖然人們認為自己觀察的事物便是外界真實世界的本來面目，但其實

這只是人類對於外界真實世界的偏見，而且人類始終無法擺脫這種偏見。

索羅斯在著作《金融煉金術》中，花費了大量的精力，反思和驗證經濟學中的《價格平衡理論》並不能真實的反映外界真實世界的本來面貌。於是，索羅斯便開始了自己的思考與探索。人類之所以無法認識到真實世界的本來面貌，是因為受到自身認知的侷限，只能觀察到世界的局部，因而產生了對真實世界的偏見。但是，真實世界的運行與變化，被歷史詳盡地記錄了下來，通過對歷史的研究，便可以發現真實世界運行變化的規律。索羅斯通過對歷史的研究，總結出《反射理論》，這套理論與美國經濟學家海曼明斯基的著作《穩定不穩定的經濟》中所描述的場景有著驚人的相似，當然這種相似性並不是抄襲的結果，而是共同基於對歷史的研究。當人們克服了自身認知的侷限性之後，對世界的認識卻產生了驚人的相似性，世界是唯一的，只是因為人們受到自身認知侷限的影響，在各自的心中構成了對世界彼此不同的印象，一旦克服這種認知侷限，人們就會看到相同的世界。

索羅斯思想的核心，並不在於他的觀點，而在於他思考的過程和方法，反覆驗證自己心中的認知世界是否與外界的真實世界相同，他將這個過程稱之為「實驗」。雖然人類的思考在自身的認知世界中完成，但行為卻作用在外界真實的世界之中，只有自己大腦中的認知世界與外界真實的世界相同，人們才能夠做出正確的決策和判斷，否則，人們所做出的正確決策只會侷限於自身的認知世界中，而不存在於外界真實的世界之中。這個驗證過程花費了索羅斯數年的時間，同時也為索羅斯未來

的成功奠定了基礎。

　　雖然大多數哲學書籍生澀難懂，觀點各異，但所有的哲學思考最終所處理的問題是：處理大腦中認知世界與外界真實世界兩者之間的關係，只有正確處理兩個世界之間的關係，所有的一切才能不只是停留在想像之中，進而在現實世界中逐漸去實現自己的夢想，這便是索羅斯思想的核心內涵。

第三節　漫步華爾街 解析人類的認知缺陷

　　《漫步華爾街》，在 1973 年出版以來，經過 10 次修訂，熱銷 30 年不衰，是股票投資界最為暢銷的書籍，這本書引用了大量的事實資料向人們呈現了一個這樣的現實：即便是在全球精英彙集的華爾街，無論人們所採用的金融投資工具是如何的先進，所有基金的平均收益很難超越市場的平均水準。中國的金融市場經過數十年的發展，已經逐漸走向了成熟，回顧中國基金歷年的業績水準，結果發現就像《漫步華爾街》書中所呈現的場景那樣，即便是某檔基金在某一年取得了令人矚目的業績，但平均起來看，它的業績回報依然很難超越市場的平均水準。雖然這與人們想像中的世界不一樣，但這就是現實，去解釋這種現象，只能從哲學層面進行解讀。

人們在金融市場中進行交易的時候，需要借助一些分析工具，例如《價值投資理論》、《技術分析》，以及人們構建的各種數學模型等等，通過這些工具的分析，人們做出投資決策。但縱觀金融市場，雖然人們在同一個市場內進行交易，每個人使用的分析工具卻不盡相同，就算是使用了相同的分析工具，人們也往往會得出不同的結論，所以，金融市場內總是存在著分歧，人們的觀點永遠無法達成統一，由此而產生的便是不停的交易，一旦金融市場形成了觀點的統一，那麼交易和金融市場將不復存在，分歧，是金融市場的重要特點。

　　世界是唯一的，為什麼身處同一個金融市場之中的人們，總是充滿了分歧呢？之所以會存在這種現象，是人類自身的認知特點所決定的：人類的感官所能觀察到的範圍是有限的。所以，每個人只是被侷限在了自己感官所能觀察到的範圍之內，不同的人生活在不同的環境之下，所觀察到的資訊自然也就不同，所以，當人們使用同樣的分析工具時，由於人們彼此接觸到的資訊不同，導致了最終決策的不同。而彼此不同的分析工具所代表的，只是每個人大腦之中對世界彼此不同的印象，代表的是不同的世界觀。真實的世界是無限的，而人類的感官是有限的，但人們卻誤以為自己有限的認識便是外界真實世界的本來面貌，但實際上，這其實只是人們對於外界真實世界的一種偏見，而且受制於自身的認知侷限，人類始終無法擺脫對外界真實世界的偏見。

　　每個人都認為：自己手中的分析工具能夠最真實的反應真實世界的本來面貌，但實際上這種認識是不成立的，只是人們對外界真實世界的一種偏見，並不能反應外界真實的世界，所以也就

無法準確的預測市場的波動情況，結果只能隨波逐流。所以，人類對金融市場規律的研究是存在瓶頸的，這個瓶頸來源於人類自身的認知特點，突破這個瓶頸，只能依靠哲學。

　　人類的邏輯思維是在自己大腦的認知世界中完成，而行為卻作用在外界真實的世界之中，接受真實世界運行變化規律的檢驗。大腦中的認知世界與外界真實的世界是人類所面對的兩個世界，這兩個世界並不相同，但人們卻總是將他們混為一談，分不清彼此，結果就是：人們心中所謂的正確，只是存在於人類大腦的認知世界之中，而不存在於外界真實的世界之中，思考與決策的世界與行為作用的世界相互脫節，由此才導致了人們的各種失敗和挫折。克服自身認知缺陷給人類帶來的困擾，需要我們不斷去走出自己大腦中的認知世界，不斷去發現外界真實世界的本來面貌，這才是解決問題的唯一途徑。

💡 第四節　解析灰犀牛事件

在 2008 年全球次貸危機爆發之前，美國經濟學家努裡爾·魯比尼曾在 2006 年預言一場危機正在醞釀，但當時全球經濟還處在高速發展之中，根本沒有人相信他的言論。在危機爆發，預言被證實之後，被媒體冠以了「末日博士」的稱號。在每一次危機爆發之前，其實已經出現了各種跡象和信號，但人們往往對這些跡象視而不見，直至危機爆發，為什麼人們無法在危機爆發之前將其消滅而任其爆發？現在的我們，其實也正處在這種局面之下，這種現象被稱之為灰犀牛事件，為什麼會這樣呢？這裡將從哲學的角度去分析灰犀牛事件的成因。

雖然全世界的人類共同生活在同一個世界之下，但每個人的邏輯和思維只是在自己大腦的認知世界中完成，雖然世界是唯一的，但每個人大腦中的認知世界卻彼此不同。人類大腦的認知世界來源於自身對於外部真實世界的觀察，但受制於人類自身感官的侷限，人們只能認識到這個世界的局部，而且誤以為自己認識到的局部便是外界真實世界的本來面目，但其實，這只是人們對外界真實世界的一種偏見。不同的人，生活在不同的環境之下，心中對世界也會產生不同的認識，從而形成了彼此不同的觀點。

類似於努裡爾·魯比尼的經濟學家，經常研究和翻閱經濟史，瞭解經濟的變化週期和規律，所以能夠率先察覺經濟運行中所出現的危險信號。但是，能夠經常查閱和研究經濟史的人，所占總人口的比重非常小，對於大多數人而言，他們忙於生活、工作、投資、理財等等，在他們的認知世界裡，別人投資賺了多少錢，哪裡的房

價未來會漲，哪裡的理財產品收益高等等。所以，當我們回到 2006 年，人們在大賺特賺的時候，努裡爾·魯比尼提出一場危機在醞釀的觀點時，人們能夠理解他在說什麼嗎？他的觀點顯然無法吸引人們的關注，雖然他的觀點是正確的。

當我們回到當下，人們忙於自己的生活、工作、投資，當有一個人提出類似的危機言論時，會有幾個人去理睬他？再者，避免危機的方法就是進行經濟的調控，但經濟調控的後果是資產價格的下降，此舉會招來絕大多數人的反對，即便這項舉動會在未來某天被證明是正確的，但在被證明是正確之前，就會因為無法承受絕大多數人的反對而結束。所以，我們的經濟政策雖然一直在左右搖擺，但始終無法改變經濟發展的方向，因為輿論始終是制約政策方向的重要力量。

灰犀牛事件，只會呈現在那些經濟學家的眼中，因為他們能夠發現經濟運行變化的規律和徵兆，但由於他們所占的人口比重極少，觀點會迅速被輿論所湮滅。對於絕大多數人而言，人們看到的只是眼前的利益，而不是世界運行變化的規律和趨勢。所以，這其實又回到了那個傳統的哲學問題：世界的運行發展與變化的規律，是獨立於人類的意識而存在，人類無法改變這種規律，只能適應。面對灰犀牛，人們又能怎麼辦？所有人都沉浸在自己大腦編織的美好世界之中，卻看不到真實的世界在逐漸發生變化。

真正智慧的人，努力去改變的只有自己，因為我們根本無法改變外在的世界，灰犀牛事件就是例子，這種事件本身，其實就是人類這個物種自身的認知特點，最熟悉的自己，其實也是最陌生，你真的瞭解你自己嗎？歡迎關注我，與大家一同探索和研究我們自己。

💡 第五節　解析黑天鵝事件

　　2008 年美國次貸危機爆發，金融市場暴跌，人們損失慘重，但卻幾乎沒有人成功預測這次危機的爆發。回首過去，每一次金融危機的爆發，人們幾乎都無法預測，哪怕就在近幾日，據資訊透露，中石化兩名高管因巨額交易虧損而被停職。這讓我想起了美國長期資本管理公司，在 1994-1997 年，業績傲人，成立之初，淨資產 12.5 億美元，到 1997 年末，上升為 48 億美元，每年的投資回報率分別為：1994 年 28.5%、1995 年 42.8%、1996 年 40.8%、1997 年 17%。但是在 1998 年，從 5 月到 9 月，短短 150 天，淨資產下降了 90%，虧損 43 億美元，到了瀕臨破產的邊緣。值得一提的是，憑藉優異的表現，身為合夥人的美國經濟學家羅伯特在 1997 年獲得了諾貝爾經濟學獎。但誰又知道災難來的又是如此之快，所有的一切在轉瞬間便灰飛煙滅。

　　在國內，很多人迷戀華爾街，但誰又知道華麗的背後卻是如此不堪的現實，美國的金融作家納西姆・尼古拉斯・塔勒布寫了一本書《黑天鵝》來解釋這種現象，他向人們講述了一個這樣的故事：在澳大利亞大陸，生活著一種黑色的天鵝，但是在澳大利亞大陸被發現之前，所有的人們沒有見過黑色的天鵝，只見過白色的天鵝。當第一批勇敢的歐洲探險者們踏上澳大利亞大陸的時候，被眼前的景象驚呆了，原來世界上還存在黑色的天鵝。回到歐洲，這些勇士們受到了人們熱烈的歡迎，勇士們在講述自己見到過的黑天鵝時，卻遭到了不少人的嘲笑，人們認為他們這是在嘩眾取寵，世界上又怎麼會存在黑天鵝呢？而這些勇士們也有些鬱悶，為什麼自己的親眼所見會遭到人們如此的嘲笑呢？

人們無法預測黑天鵝事件，但黑天鵝事件卻能夠為人們帶來巨大的損失，在黑天鵝事件發生之後，人們又能夠拿出各種理由去解釋，使人們誤以為這種事件是可以預測的，所以人們能夠解釋每次金融危機發生的原因，但卻無法預測下次金融危機的發生。尤其是近一段時間，國內的資金平臺頻發暴雷，違約現象頻發，基金虧損嚴重，難道是黑天鵝來了？究竟是什麼原因造成了黑天鵝事件呢？

　　人類的邏輯與思考是在自己大腦的認知世界中完成，而行為則作用在外界真實的世界之中，兩個世界並不相同，人類大腦的認知世界來源於自身對於外部真實世界的觀察，但受到人類自身感官的限制，人類始終無法認識到全部的世界，只能認識到世界的局部，但人們卻誤以為自己認識到的世界便是全部，由此便形成了人類對外界真實世界的偏見。每一位經濟學家在訴說自己對未來經濟的預測時，所有的觀點都來自於自己大腦的認知世界，雖然這些觀點在人類大腦的認知世界之中絕對正確，但這個世界與外界真實的世界並不相同，所以這些觀點的正確性也就不存在於真實的世界之中。不同的經濟學家，發表不同的觀點，只是代表了不同人心中的不同世界，就算他們的觀點成功的說服了所有人，但真實的世界卻依然按照自身的規律發展演化。

　　人類雖然生活在真實的世界之下，但每個人其實只是生活在自己大腦的認知世界之中，存在真實世界之中的事物，如果沒有被人類觀察到，就不會在人類的認知世界之中形成印象，而金融危機便是這樣的一種事物，它存在於真實的世界之中，然而由於在人們的認知世界中對它並沒用形成印象，所以就誤以為其不存

在，所以當金融危機來臨的時候，人們才會束手無策，祈禱轉機的出現，但轉機卻從來沒有出現過，所有的一切在祈禱之中慢慢灰飛煙滅。所以，以金融危機為代表的黑天鵝事件，其實是一個哲學問題，是人類被自己的認知所欺騙，看不到外界真實世界的本來面貌！

💡 第六節　黑天鵝與灰犀牛的區別與聯繫

黑天鵝和灰犀牛事件是最近出現頻率較高的詞彙，黑天鵝事件指的是極其罕見的，出人意料的風險，而灰犀牛事件指的是太過於常見，以至於人們習以為常的風險。但為什麼會存在這兩種事件呢？這還要從人類的認知特點說起。

雖然人們共同生活在同一個世界之下，但人類的感官是有限的，只能觀察到部分的世界，這一部分世界在人類的大腦中形成了自己對這個世界的印象，但這個印象只是來源於外界真實世界的一小部分，但在人們的心中，這已經是全部的世界了。人類邏輯思維和判斷的基礎，來源於自己心中的世界，而非外部真實的世界。所以，雖然人們共同生活在同一個世界之下，但是由於不同人的心中對世界的印象不同，所有人們才會充滿了各種分歧。

鑒於人類這樣的認知特點，存在於真實世界之中的事物，如果沒有被人類觀察到，就不會出現在人類大腦對世界的印象裡，也不會參與到人類的邏輯思維之中，但這種事物卻存在於外界的真實世界之中。人類對真實世界的認知偏見，導致了最終的決策失敗，但問題並不是出現在真實的世界之中，而是在於人類的認知，這樣的事件其實就是黑天鵝事件。所以，黑天鵝事件是一種非常常見的事件，很多人的失敗都是源於這種真實世界存在，而自己大腦對世界的印象裡不存在的事物。《三國演義》中，關羽水淹七軍，于禁全軍覆沒被迫投降，對于禁而言，這就是黑天鵝事件，但對於關羽而言，只是于禁不瞭解南方氣候而已。

　　灰犀牛事件的產生，也是源於人類的認知特點，但卻與黑天鵝事件有著明顯的區別，少數人通過對歷史的深刻研究，發現了世界運行變化的規律，並在自己的大腦中形成了印象。但是，世界運行變化的規律無形、無色、無味，人類的感官是無法直接觀察到的，所以對很多人而言，人們大腦對世界的印象裡並不存在這種事物，於是出現了這樣的場景：部分先知先覺的人憤聲疾呼，但大部分人卻無動於衷。出現這種問題的原因，雖然人們共同生活在同一個世界之下，但彼此之間，人們心中對世界的印象是不同的，你所看到的事物，別人並不一定看到，由此便導致了灰犀牛事件的產生，而且部分先知先覺的人，無論如何發聲，始終無法阻止潮流的前行，因為這個世界的絕大多數人，只是順從於形勢變化，隨波逐流，根本沒有那麼長遠的眼界，當年準確預測次貸危機的美國經濟學家努裡爾・魯比尼，遭到了很多人的嘲諷。我想這裡就可以引用唐伯虎的詩句了：別人笑我太瘋癲，我笑他人看不穿。

人類面臨的所有問題，最根本的原因還是在於人類的認知特點，邏輯思維的世界是自己心中對這個世界的印象，而行為作用的世界卻是外界真實的世界，但這兩個世界並不是同一個世界，邏輯思維的世界與行為作用的世界相互脫節，從而使人類在與真實世界接觸和交往的過程中，呈現出各種各樣的問題。

第十五章 —— 做自己的主人

💡 第一節　馴服情緒

　　情緒猶如人類內心中沉睡的怪獸，一旦甦醒，人類便被其支配，喪失了思想與理智，如何才能馴服這頭野獸呢？情緒是人類內心世界與外界真實世界相互作用的產物，當外界真實的世界超越人類大腦的認知世界時，人類會感到幸福，當外界真實的世界不及人類大腦的認知世界時，人類會感到失望與痛苦。情緒的存在，驗證了人類對外界真實世界的偏見，如果人類對外界真實的世界不存在偏見，那麼人類就不會存在情緒。

　　因為人類對外界真實的世界存在偏見，又因為人類的邏輯和思維以自己大腦中的認知世界為準，所以造成了人類情緒的波動。所以，克制自己的情緒，也要從這兩個方面下手，一是努力的減少自己對外界真實世界的偏見，二是走出自己大腦中的認知世界，努力開闊自己的心胸。

　　歷史中的袁紹，剛愎自用，在實力勝過曹操數倍的情況下，卻在官渡之戰被曹操打敗，在這場戰爭發生的過程中，袁紹的情緒也是處在劇烈的波動過程中，做出了眾多錯誤的決定，親自埋葬了自己唾手可得的勝利。

　　外界真實的世界發展演化遵循世界運行變化的規律，但人類的邏輯和思維只是侷限在自己大腦的認知世界之中，這兩個世界並不相同，雖然人類總是認為自己的決策絕對正確，但這種正確性只是侷限在自己大腦的認知世界之中，而不存在於外界真實的世界之中，所以人們最終做出了錯誤的決定。

人類的思維被囚禁在了自己大腦的認知世界中，雖然外界真實世界發展演化只遵循自身運行變化的規律，但兩者的距離促成了人類情緒的巨大波動，情緒波動越大，證明人類的思維越傾向於自己大腦中的認知世界，在真實世界之中出現錯誤的概率也就越大，所以，想要成功，首先要學會如何克制自己的情緒。

🔆 第二節　海納百川 有容乃大

中國的傳統文化認為：能力越強，做大事的人，其心胸也必定越開闊，在現實的生活中也的確如此，心胸狹窄的人成不了大事，這其實是對世界運行變化規律的描述。人類的感官和大腦的容量是有限的，只能觀察到真實世界的局部，難以擺脫自身對外界真實世界的偏見。所以，我們在思考一些問題的時候，儘量去歸納和總結，尋找和提取事物發展的規律。

由於人類無法擺脫自身對外界真實世界的偏見，所有的概念和行為在真實世界運行變化規律面前，就會存在一個產生，發展，繁榮與衰落的過程，這個過程所體現的便是世界運行變化規律的本身。所以，我們不需要去評價和指責任何人，反而需要包容他們，因為最終懲罰他們的是世界運行變化的規律。

所以，最為智慧的選擇，就是不去干預人們的行為和觀點，因為所有的一切事物都在按照世界運行發展變化的規律發展和演化，所有的一切都處在不斷的變化之中，而我們所做的就是去順應這種變化規律。

　　如果我們選擇去干預和主宰一切，我們又怎能擺脫自身對於這個真實世界的偏見呢？倒不如去開闊自己的心胸，包容一切，這其實就是「無為」，做到了「無為」就可以無所不為，所有的事物發展演化遵循世界運行變化的規律，將這種規律變為自己的武器，就可以所向披靡。

💡 第三節　痛苦的美夢

　　人類害怕金融危機，但人類又無法避免金融危機，因為金融危機是世界運行發展變化的一種規律，人類之所以害怕金融危機，是因為當外界真實世界的環境發生變化時，人類大腦的認識世界還停留在世界發生變化之前的狀態，兩個世界出現了嚴重的脫節，從而使人們陷入了沉重的痛苦之中。

　　想要擺脫金融危機給人們帶來的恐怖與痛苦，需要我們正確認識這種世界運行變化的規律。當一種新穎的概念產生時，人們

被這個概念所吸引，進而不斷的傳播，吸引更多的人加入其中，於是這種概念獲得了大量的資源與支持，人們也為其投入了大量的資金。但就目前而言，所有的一切和魅力，都只是源於在人類大腦的認知世界中構築了一個美好的世界，這個美好的世界能否在真實的世界之中成立還是未知。

當概念應用在真實的世界之中時，需要接受真實世界運行變化規律的檢驗，但此時一些概念就會面臨尷尬的局面，被塑造的美好世界雖然征服了大多數人，但這個美好世界卻無法存在於真實的世界之中，為了製造和維持這個美好世界，人們必須投入資源，一旦資源耗盡，這個美好的世界也將不復存在。人們所有的資源都被用來維繫一個虛擬的，不存在的世界，等到資源耗盡才知道，這所有的一切只是一個夢！

這種類型的金融危機，被人們稱之為「龐氏騙局」，用高昂的代價做了一場奢華的夢，這就猶如古希臘中的神話傳說，用蠟為自己製作了一雙翅膀去追逐太陽，當接近太陽的時候，卻被陽光融化了翅膀，墜落地面。

💡 第四節　安身立命

每個人都擁有夢想，但夢想只是存在於人類大腦的認知世界之中，想要實現夢想，就必須回歸現實的世界之中來，在真實的世界之中去實現夢想，否則所有的一切永遠只是一場夢而已。

很多人感覺：現實面前，自己的夢想非常的蒼白而且無力，之所以存在這樣的感覺，其實只是因為人們不瞭解外界真實的世界。雖然外界真實的世界不及我們心中的想像，但這是一個真實存在的世界，所有的一切都遵循世界運行變化的規律發展和演化。

走出自己心中的世界，面對外界真實的世界，但只是因為心中的世界太美好，而現實的世界太殘酷，使人們不敢前行，被囚禁在自己的心中的世界裡。但問題是人們心中的世界只是人類虛構的一個世界，而外部現實的世界才是真實存在的世界，我們應該活在虛構的世界中，還是現實的世界之中呢？很多人都知道應該活在現實的世界之中，但他有沒有這種勇氣呢？忘記自己心中的夢想，回歸到現實的世界中來。

真實世界運行變化的規律存在於真實的世界之中，但不存在於人類的心中對世界的印象裡，人們只是以自己心中的世界為標準去評價這個世界，但真實的世界並不是這個樣子的，兩個世界的脫節，導致了人們的失敗。所以，人們需要清空自己心中的世界，去研究和發現外界真實世界運行變化的規律。在遵循世界運行變化規律的框架之下，思考如何實現夢想，而不是沉浸在自己

心中世界裡去思考如何去實現夢想，因為這種夢想根本經不起現實的考驗。

　　腳踏實地的去實現自己的夢想，需要人們走出自己心中的世界，回歸現實的世界，雖然現實的世界很殘酷，但卻有著固定不變的運行規律，人們害怕現實只是因為不瞭解現實運行變化的規律，由心中的世界回歸到現實世界中來，必然會經歷痛苦的歷練，但這卻是成功的必由之路，夢中的世界雖然美好，但那永遠不是現實，人生其實就是如此，懦弱只會止步不前，只有勇敢，腳踏實地的人才有資格去實現自己的夢想。

💡 第五節　胸襟的含義

　　漢字是表意文字，很多詞語所代表的是一種抽象的含義，如同「胸襟」這個詞彙，雖然很多人明白這個詞的含義，諸如：心胸，度量等等，但人們卻不知道如何用準確的語言和文字去描述它，對這個詞彙的理解，可意會卻無法言傳。在中國的文化氛圍中，這個詞彙卻佔據了極其重要的地位，林則徐：「海納百川，有容乃大」。司馬光：「丈夫臨大事可否，當自決胸懷，乃來家間恐怖婦女何為耶！」《三國演義》：「夫英雄者，胸懷大志，腹有良謀，有包藏宇宙之機，吞吐天地之志者也。」雖然這個世界總

是充滿了爭論，但在對待「胸襟」的態度上，中國的知識份子卻出奇的達成了一致：力求寬廣的胸襟。但究竟什麼是胸襟呢？

人類的邏輯和思維是在自己大腦中的認知世界中完成，這個認知世界的形成，來源於人類對外界真實世界的觀察。但是，人類的感官是有限的，只能觀察到外界真實世界的局部，然而真實世界的局部卻已經構成了人類大腦認知世界的全部。所以，生活在同一個世界之下的人們，受到自身感官的限制，被侷限在了世界的不同角落之中，從而形成了大腦中彼此不同的認知世界。真實世界之中存在的事物，如果沒有被人類觀察到，就不會在人類大腦的認知世界中形成印象，也不會加入到人類的邏輯思維之中，人類生活在彼此不同的環境之下，大腦對外部世界形成了彼此不同的印象，在面臨同一個問題的時候，人們大腦中演繹的情景不同，所以才會作出不同的選擇和判斷。

人類的行為作用在真實的世界之中，接受真實世界運行變化規律的檢驗，特定的行為會得到特定的結果，這所有的一切都被記錄在了歷史之中。人們通過研究歷史，發現了這種規律的存在。但是，這種規律無形、無色、無味，無法被人類的感官所感知，所以很多人便忽視了這種規律的存在，但這種規律卻存在於外界真實的世界之中，影響著事物的發展演變。時間越長，世界運行變化規律的作用越明顯，時間越短，這種規律的作用效果就越不明顯。

於是，在人類的認知世界中便出現了一個這樣的問題：有些人對世界的認識，來源於對世界短時間週期的觀察，由於短時間週期內，世界運行變化規律的作用並不明顯，所以完全忽視了這

種規律的存在。而有些人對世界的認識，源於對世界長時間週期的觀察，時間週期越長，世界運行變化規律的作用也就越明顯，所以他們就會在決策的時候考慮到世界運行變化的規律。有些人認為世界運行變化的規律是天方夜譚，而有些人卻認為這種規律真實的存在，問題的關鍵並不在於這種規律是否存在，而是在於人類大腦的認知世界中是否對這種規律形成了印象。

「胸襟寬廣」所描述的，正是那些不拘泥於眼前，而著眼於長時間週期思考的人們，只顧短時間週期的利益，往往容易忽視世界運行變化的規律，所以在長的時間週期內並不能取得最優的結果，只有考慮了世界運行變化的規律，才能順應這種規律，進而取得最優結果，這是中國知識份子得出的共同經驗。

💡 第六節　哲學的研究對象及其作用

　　哲學所研究的究竟是什麼？每一個熱愛哲學的人，心中不免會有這麼一個疑問，但由於搞不清楚這個問題，不清楚哲學的研究對像是什麼，所以人們便認為哲學是一門華而不實的學問，無法解決現實中的任何問題，於是，哲學步入了一種非常尷尬的境地，並逐漸被邊緣化，這究竟是哲學本身的問題，還是人們對哲學認識的偏見呢？現在的人們對哲學的研究，主要是對哲學史的研究、時間跨度長、地域跨度廣、人物和觀點繁多，而且由於中西方表達方式的差異，一些西方哲學著作在翻譯成中文後，十分的生澀難懂，人們的大部分精力用來解讀哲學史中的人物及其哲學觀點。但是，對這些歷史人物和觀點的解讀，能夠對我們的工作和生活提供實際的幫助嗎？由於這種研究方式無法為人們的現實生活提供實際的幫助，最終導致了哲學的逐漸沒落。所以，我們需要換一種角度和方式去理解和研究哲學。

　　人類的邏輯和思考是在自己大腦的認知世界中完成，而行為則作用在外界的真實世界之中，這是人類所面對的兩個世界。人類大腦的認知世界，來源於自身對外部真實世界的觀察，但受制於人類自身感官的侷限，人類所觀察到的範圍是有限的，只能觀察到外部真實世界的局部，人們卻誤以為自己所觀察到的便是外界真實的世界，但這只是人類對外界真實世界的偏見。所以，人類大腦中的認知世界與外界真實的世界並不相同，但人類卻往往忽視這個問題，將兩個世界混為一談，分不清彼此。人類所有的決策和思考，都是在自己大腦的認知世界中完成，而行為則作用在外部的真實世界之中，由於兩個世界並不相同，所以人類才

會不斷的遭受挫折和失敗。所有的這一切，正如蘇軾的〈題西林壁〉：橫看成嶺側成峰，遠近高低各不同。不識廬山真面目，只緣身在此山中。

如何處理人類大腦中的世界與外界真實世界之間的關係，對這個問題的思考，其實就是哲學。哲學史中的每一個哲學家，無論觀點如何，所有人討論的其實只有一個問題：如何來處理自己大腦中的認知世界與外界真實世界之間的關係。存在於真實世界之中的事物，如果沒有被人類觀察到，就不會在人類大腦的認知世界中形成印象，也不會參與到人類的邏輯思維之中。存在於人類大腦之中的事物，就算不存在於真實的世界之中，同樣可以影響人類的行為。鑒於人類的認知特點，人類在處理兩個世界之間的關係時便出現了兩個極端，一個極端以人類大腦的認知世界作為認知的標準，宗教就是這種認知的代表。另一個極端是以外界真實的世界作為認知標準，科學就是這種認知的代表。在處理兩個世界之間的關係時，所有人的思想都處在兩個極端之間，只不過是有些人的思想偏向於人類大腦的認知世界，而有些人的思想偏向於外界真實的世界。

無論人類大腦中的認知世界多麼美好，人類終究生活在真實的世界之中，行為需要接受真實世界運行變化規律的檢驗，人類大腦中的認知世界越是貼近外界真實的世界，人類犯錯的概率也就越小，所以，哲學便擁有了一項重要任務：幫助人們完善自己大腦中的認知世界，不斷糾正自身的認知偏見，認識真實世界的本來面貌。為了實現這一目標，人類對思考的過程和方法進行研究，概括而言，其實就是一套反思和思辨的方法。通過不斷的反

思和思辨，克服自身的認知缺陷，幫助自己認識外界真實世界的本來面貌。

現代人們對哲學的認識已經完全走向了歧途，這是哲學沒落的原因所在。世界是唯一的，所有的人類共同生活在同一個世界之下，但每個人其實只是生活在自己大腦的認知世界之中，誤以為自己大腦中的認知世界便是外界真實的世界。所以，生活在同一個世界之下的人們，大腦對世界的印象卻彼此不同，每個人都認為自己大腦中的世界才是外界真實世界的本來面貌，結果卻陷入了不同的爭論之中，難以自拔。但所有的一切，其實只是被自己所蒙蔽，囚禁在自己的認知世界之中，只有哲學，才能解救自己，去發現真實世界的本來面貌。

後記 —— 多角度的世界想

💡 後記 Postscript

人類共同生活在同一個世界之下，觀點分歧的背後，其實是每個人處在不同的角度觀察同一個世界，因為每個人都固守自己觀察世界的角度，這個世界才會充滿了分歧，所以，思想的交流，並不是交流各自的觀點，而是觀察和分析對方觀察世界的角度。

有些人為了體現自己的博學，會用不同的角度去解釋一個問題，得出不同的觀點，相對人們只是固守自己觀察世界的角度，這種方法的確會給人帶來耳目一新的感覺，但是，在這眾多的角度之中，我們應該選擇哪一個角度呢？

人類所有的決策和決定，最終都要作用在真實的世界之中，接受真實世界運行變化規律的檢驗。但由於人類的邏輯和思考是在自己大腦的認知世界中進行，兩個世界始終存在距離，所以，失敗在所難免，為了避免失敗，我們必須努力縮小外界真實世界與自己大腦認知世界之間的距離。這段話，概括了本書觀察世界的角度，本書的觀點並不是最主要的，觀察世界的角度才是本書最重要的核心。

「彼岸」，「空」，「無」，這些字眼所代表的，其實也是觀察世界的角度，對中國傳統文化的解讀，不是解讀各種觀點，而是尋找先哲們觀察世界的角度，只有站在同一個角度思考問題，我們才能得到一致的答案！

國家圖書館出版品預行編目資料

人類思想研究 / 王超著. -- 初版. -- 臺北市：博客思，2020.1

面； 公分

ISBN 978-957-9267-43-4(平裝)

1. 思維方法

176.4 108018827

心理研究5

人類思想研究

作 者：王超
編 輯：陳勁宏
美 編：陳勁宏
校 對：楊容容、陳嬿竹
封面設計：陳勁宏
出 版 者：博客思出版事業網
發 行：博客思出版事業網
地 址：台北市中正區重慶南路1段121號8樓之14
電 話：(02)2331-1675或(02)2331-1691
傳 真：(02)2382-6225
E—MAIL：books5w@gmail.com或books5w@yahoo.com.tw
網路書店：http://bookstv.com.tw/
　　　　　https://www.pcstore.com.tw/yesbooks/
　　　　　博客來網路書店、博客思網路書店
　　　　　三民書局、金石堂書店
總 經 銷：聯合發行股份有限公司
電 話：(02) 2917-8022 傳 真：(02) 2915-7212
劃撥戶名：蘭臺出版社 帳號：18995335
香港代理：香港聯合零售有限公司
地 址：香港新界大蒲汀麗路36號中華商務印刷大樓
　　　　　C&C Building, 36,Ting, Lai, Road, Tai,Po, New,Territories
電 話：(852)2150-2100 傳 真：(852)2356-0735
出版日期：2020年1月初版
定 價：新臺幣280元整（平裝）
ISBN：978-957-9267-43-4